Практичний посібник із створення IT-компаній

КУЗЬМЕНКО СЕРГІЙ

ISBN: 979-8-8698-7863-2

ПРО КНИГУ

Відкриваючи сторінки цієї книги, ви здійсните подорож світом IT-підприємництва разом з автором, який не лише пережив, а й засвоїв знання справжнього ділового досвіду. Я зібрав сутність своїх знань і переживань, щоб запропонувати вам не просто керівництво, а й партнера для діалогу у шляху створення вашої IT-компанії. Кожна глава цієї книги стала відображенням мого шляху — від зародження ідеї до розквіту повноцінної компанії. Я ділюся принципами формування динамічної команди, методиками вибору гнучких бізнес-моделей, стратегіями розробки інноваційних продуктів і витонченостями їх позиціонування на насиченому ринку. Більше того, я відкрито розповідаю про комунікаційні навички, які допоможуть вам будувати міцні мости з клієнтами і партнерами, а також про тактики управління репутацією, необхідні для будівництва компанії

Зміст

ВСТУП

В цій книзі я хочу поділитися з вами своїм досвідом створення декількох ІТ-компаній, одну з яких я створював на замовлення, а іншу допомагав створювати. Перш ніж розпочати опис свого досвіду у створенні компаній, я б хотів розповісти про себе і свій досвід роботи в ІТ-сфері.

Мій шлях в ІТ-сфері я розпочав на третьому курсі університету, у 2003 році, як розробник програмного забезпечення. Сьогодні моя спеціалізація - це оптимізація бізнес-процесів, консультації для стартапів, впровадження методологій Agile, а також аналіз і вдосконалення поточних процесів в організаціях.

Протягом своєї кар'єри я розробляв програмне забезпечення з використанням C++, Pascal, PHP та працював з такими базами даних, як Oracle, DB2, MSSQL та MySQL, та інші. У мене є науковий ступінь PhD, підтверджений понад 30 професійними публікаціями та книжками в галузі навчання.

Будучи програмістом, я постійно помічав, як неточні початкові технічні характеристики можуть зірвати і затримати випуск програмного забезпечення. Прогалини в комунікації всередині команди та між клієнтами часто призводили до проблем, які було важко виправити. Виходячи з мого практичного технічного досвіду, я зробив перехід до управління проектами, зосередивши увагу на мінімізації таких прогалин і забезпеченні більш плавного процесу розробки. Мій вибір впав на користь Agile управління проектами, зокрема Scrum.

Моє життя в ІТ дало мені унікальний погляд на цю індустрію, її різноманітні шари і багатогранність, що дозволило мені успішно займатися створенням ІТ-компаній.

Як я вже зазначав раніше, ця книга розповідає про мій досвід створення двох ІТ-компаній з нуля. Скільки разів я помилявся, скільки ресурсів витратив, поки не знайшов оптимальні рішення та шляхи росту. Я хочу, щоб мій досвід допоміг вам заощадити час, гроші і, можливо, нерви під час створення свого бізнесу в ІТ.

Важливість правильного вибору партнерів і співробітників в ІТ-бізнесі складно переоцінити. Тому в книзі ви знайдете відповіді на наступні питання:

- З ким розпочати співпрацю?

- Кому довіряти ключові проекти?

- Які партнерські відносини будуть найбільш продуктивними?

- В яких напрямках розвиватися?

- І багато інших питань будуть розглянуті тут.

Відповіді на ці питання можуть визначити успішність і стабільність вашого бізнесу. У моїй книзі я ділюся досвідом і надаю рекомендації по роботі з партнерами та клієнтами з різних країн, розповідаю про специфіку та особливості ведення справ.

Також ви дізнаєтесь про те, з яких напрямків варто почати: розробка власного продукту, аутстафінг (Outstaff) чи аутсорсинг (Outsource). Кожен напрямок має свої особливості, і вибір залежить від ваших цілей та ресурсів.

Я впевнений, що знання індустрії зсередини, розуміння її витонченостей та нюансів можуть бути безцінними для тих, хто лише мріє про свою IT-компанію. Ця книга - ваш компас у складному світі IT-бізнесу, а я - ваш провідник, який готовий поділитися знаннями та досвідом. Сподіваюся, що моя історія стане для вас вхідною точкою до великих досягнень.

Частина I

Шлях Засновників. Сценарії створення IT-компанії

Розділ I.

Шлях Засновників. Сценарії створення IT-компанії

"Будьте наполегливими. Ідеальний час для початку чогось ніколи не настане. Почніть з того, що у вас є, де ви знаходитесь." – Стів Возняк, співзасновник Apple.

Отже, з чого ж починається і ким починається створення IT-компанії?

Зазвичай коріння будь-якої ідеї сягає в особистий досвід, професійні навички і бажання щось змінити на краще. Давайте розглянемо ряд сценаріїв. Список сценаріїв буде не повним, і до нього можна додати ще принаймні 2-3 сценарії. Але ті сценарії, які я пропоную розглянути, є найбільш поширеними, і я вважаю, що їх буде достатньо для визначення, до якого сценарію ви найбільше підходите, і розгляд якого сценарію може вам максимально допомогти уникнути помилок на шляху створення компанії. Тепер давайте заглибимось в конкретні сценарії.

Сценарій перший. Розробник на шляху до створення IT-компанії.

Для цього варіанту вхідною точкою може бути ситуація, коли людина є розробником програмного забезпечення (або іноді тестувальником програмного забезпечення), активно працює в IT-компанії. З розвитком професійної кар'єри може виникати цікавість до фрілансу. Платформи типу Upwork стають місцем, де він може оцінити свої навички на ринку. Далі він починає приймати незалежні замовлення. На цьому етапі відкривається свобода вибору проектів, можливість встановлення своєї ціни і працювати в зручний час. Зважуються плюси і мінуси, пов'язані як із роботою в IT-компанії, так і з роботою на фріланс-платформах. З одного боку - стабільність і готова структура корпорації в якій він зараз працює, з іншого - свобода вибору і, можливо, більший дохід на фрілансі. Поступово збільшується кількість замовлень. З цим приходить і розуміння того, що одному стає важко справлятися з усім обсягом роботи. Розробник починає залучати до роботи знайомих, колишніх колег. Це може розпочатися з невеличких завдань. Він пропонує їм стабільний або навіть підвищену погодинну оплату (рейт).

Так починається формуватися перша команда, яка в подальшому може стати компанією.

Із плином часу, працюючи з командою від 3 до 7 осіб та забезпечуючи їхню продуктивність, людина поступово переходить від ролі виконавця до ролі менеджера чи навіть лідера.

Коли все вищезазначене вже стало чи можливо є в процесі, виникає ідея отримання більш складних та більш довгострокових проектів, та створення під ці проекти повноцінної ІТ-компанії. Яка в подальшому, скоріш за все і буде створена.

Звісно, це лише один із шляхів. Ще один поширений сценарій – коли до розробника звертається великий клієнт із пропозицією реалізації масштабного проекту, що вимагає командного підходу. У будь-якому випадку заснування ІТ-компанії – це не лише технічні навички, але й вміння управляти проектами, командою, а також ефективно спілкуватися з клієнтами. Оскільки ми розглядаємо сценарій, де розробник бере на себе ці обов'язки, важливо відразу акцентувати увагу на перевагах, викликах та особливостях, які, ймовірно, пов'язані з цим сценарієм.

Переваги: глибоке розуміння технічних аспектів проекту, знання мов програмування та методологій розробки програмного забезпечення.

Виклики: можливі труднощі в управлінні командою, маркетингу, продажах, а також стратегічному плануванні бізнесу. Тому що зазвичай розробники не дуже пов'язані із цими аспектами ІТ-індустрії

Особливості: основний акцент може бути зроблений на технічній якості продукту. Також може бути значна залежність від фріланс-платформ на початковому етапі діяльності. Відповідно, маючи таке розуміння, важливо належним чином вирішувати питання управління та лідерства командою ще до того, як у вас вже буде команда, яка працює на вас, і в її роботі виникають проблеми, пов'язані з розподілом завдань, комунікацією та багатьма іншими питаннями управління.

Сценарій другий. Менеджер проектів на шляху до створення власної ІТ-компанії.

Розглянемо сценарій, де людина, яка хоче відкрити ІТ-компанію, є досвідченим менеджером проектів, який знає всі тонкощі управління та координації проектів у сфері ІТ. Аналогічно сценарію розробника, менеджер може випробувати свої сили на платформах для фрілансерів, допомагаючи замовникам управляти їхніми проектами на різних етапах. Іноді ситуація складається так, що менеджер, заробивши репутацію надійного та компетентного спеціаліста, отримує пропозиції безпосередньо від клієнтів або їхніх партнерів, обходячи ІТ-компанію, в якій він раніше працював. Після того, як клієнт із цікавим та великим проектом звернувся безпосередньо до менеджера, перед ним з'явиться завдання зібрати команду спеціалістів для реалізації цього проекту.

Під час виконання проекту менеджер починає розуміти, що його доходи та можливості як незалежного спеціаліста чи малого командного лідера значно вищі, ніж коли він працював найманим працівником. Побачивши потенціал і не бажаючи втратити команду, яку він зібрав, а також усвідомивши переваги та можливості, які відкриваються перед ним, менеджер, зазвичай, приймає рішення створити свою ІТ-компанію.

Після офіційного запуску компанії менеджер продовжує активно працювати над пошуком нових проектів, покращуючи репутацію своєї компанії, розвиваючи команду та розширюючи можливості.

Таким чином, важливою відмінністю цього варіанту є вміння менеджера формувати команди, встановлювати контакти та управляти складними проектами. Він стоїть на стику технічної та комунікативної сфер, що дозволяє йому ефективно реалізовувати свій бізнес-потенціал. Хоча цей варіант виглядає досить перспективним і на перший погляд важко побачити які-небудь очевидні проблеми, але вони все ж існують.

Отже, з переваг хочеться відзначити досвід управління командами та проектами, вміння спілкуватися з замовниками, розуміння бізнес-процесів.

Проблеми: можлива відсутність глибоких технічних знань, що може ускладнити спілкування з розробниками та контроль над проектами.

Особливості: акцент може бути зроблений на якості управління проектами та відносинах з клієнтами. Можливий швидкий перехід до роботи над великими проектами завдяки налагодженим зв'язкам.

Сценарій третій. Створення ІТ-компанії "з нуля".

Тепер перейдемо до сценарію, який, на мою думку, є найбільш неоднозначним і може мати масу варіантів розвитку. Припустимо, є певна особа, яка не має досвіду в ІТ-сфері, вона не знайома з процесами, у неї немає зав'язків в цій галузі. Проте в неї є бажання зайнятися ІТ-бізнесом, і є фінансові ресурси (або потенційні партнери, готові інвестувати в її ідею). У такому випадку їй бажано йти по цьому сценарію, інакше проблем буде занадто багато і, ймовірно, це не приведе до бажаного результату створення компанії, а скоріше до втрати грошей і часу.

Отже, першим кроком повинен бути процес вивчення ринку, визначення потреб, виявлення найбільш важливих послуг чи продуктів. Наступним кроком повинен бути пошук партнерів і спеціалістів, оскільки без знань в ІТ ключовим стане знайти надійних партнерів і експертів в цій галузі. Це можуть бути технічні директори, досвідчені розробники або менеджери проектів. Зібравши перших ключових співробітників, важливо довірити їм відбір решти команди. При цьому людина сама може зайняти посаду CEO, займаючись стратегічним управлінням і фінансами.

Якщо людина не з ІТ-сфери з грошовими ресурсами вирішить створити ІТ-компанію і найняти ІТ-спеціаліста для реалізації цієї ідеї, між ними може виникнути ряд специфічних складнощів і викликів, а які саме, давайте розглянемо їх нижче:

- Можливі проблеми у розумінні та передачі інформації через різницю в професійних знаннях та досвіді.
- Людина, яка не знає ІТ, може мати нереалістичні очікування щодо часу та ресурсів, необхідних для виконання тих чи інших завдань. Це може стати великою проблемою і на це треба звернути увагу в першу чергу.
- Може виникати недовіра з боку інвестора до рекомендацій ІТ-спеціаліста, особливо якщо він не розуміє технічних аспектів.

- Відсутність технічної освіти та досвіду у інвестора може призвести до того, що він буде приймати рішення, не ґрунтовані на повному розумінні всіх ризиків.
- Різноманітні уявлення про те, як слід витрачати кошти, можуть викликати конфлікти.
- У той час, як IT-спеціаліст може фокусуватися на технічній реалізації, інвестор може мати інше бачення стратегічного розвитку компанії.
- Різниця в підходах до роботи, в корпоративній культурі та в цінностях може призвести до непорозумінь і конфліктів.

Відносини між інвестором та IT-спеціалістом повинні базуватися на довірі, щоб гарантувати тривале успішне партнерство. Тим не менше, якщо обидві сторони виявляють відкритість, готовність до навчання і взаєморозуміння, а також прагнуть до спільних цілей, вони можуть успішно співпрацювати та створити успішну IT-компанію.

Якщо вдалося впоратися з перерахованими викликами та труднощами, можна переходити до обговорення запуску перших проектів, де буде необхідно розпочати постійний процес навчання та адаптації. На цьому етапі важливо уважно слідкувати за відгуками клієнтів, коригувати процеси, враховувати помилки та успішні рішення.

Поступово, при правильному управлінні та стратегічному плануванні, компанія може вийти на новий рівень, розпочати масштабування своєї діяльності, залучати більше клієнтів та розширювати команду.

Цей варіант, безумовно, потребує великого ентузіазму, віри в свої сили та здатності швидко навчатися, і зовсім не кожному може виявитися по силам. На цьому шляху людина стикнеться з багатьма труднощами, які не пов'язані з прямими знаннями IT, але пов'язані з управлінням, фінансами та комунікаціями. Але саме такий підхід може породити унікальні та успішні бізнес-моделі, оскільки погляд "нової" людини може побачити те, що пропускають професіонали в цій сфері.

У цьому сценарії, так само, як і в попередніх, розглянемо переваги, проблеми і особливості.

Переваги: капітал для інвестицій. Наявність фінансових ресурсів дозволяє реалізовувати масштабні проекти та інвестувати в передові технології, що може забезпечити значущу конкурентну перевагу.

Міжгалузевий досвід: досвід роботи в інших секторах надає унікальне бачення проблем і дозволяє знаходити нестандартні рішення, спроможні поліпшити IT-продукти чи сервіси.

Мережа контактів: існуючі бізнес-зв'язки можуть бути використані для пошуку клієнтів, партнерів чи інвесторів в IT-напрямку.

Управлінські навички: навички управління та стратегічного планування є важливими для масштабування проектів, побудови ефективних команд та ведення бізнесу в цілому.

Проблеми: відсутність технічних знань. Це може стати серйозним бар'єром при спробі зрозуміти витонченості розробки продуктів та ухваленні стратегічних рішень.

Залежність від команди: без глибоких знань в IT доведеться покладатися на найм кваліфікованих спеціалістів, що може збільшити ризики та витрати.

Комунікаційний бар'єр: різниця в мові та культурі між IT-спеціалістами та нетехнічними управлінцями може призвести до непорозумінь та помилок у управлінні.

Швидко змінювана галузь: IT-індустрія розвивається дуже швидко, і не спеціалістам може бути складно доганяти за трендами та інноваціями.

Особливості: стратегічний підхід. Рішення приймаються на основі загальних бізнес-цілей та стратегічного бачення, що може призвести до створення унікальних продуктів та бізнес-моделей.

Зовнішні консультанти: Можливе активне використання послуг зовнішніх експертів та консультантів для компенсації недоліків або недостатності внутрішніх знань.

Інноваційний погляд: "Свіжий погляд" на IT може сприяти інноваціям, оскільки не обтяжений галузевими стандартами та звичайними підходами.

Фокус на управління та розвиток: Основна увага приділяється не лише IT-розробці, але й маркетингу, продажам та розширенню бізнесу, що критично важливо для комерційного успіху.

Після такого детального розгляду сценаріїв створення ІТ-компанії можна перейти до наступних кроків, які потрібно розуміти, та які треба виконати на шляху до формування не просто компанії, а саме до компанії яка зможе бути успішною та ефективною.

Частина II

Класифікація ІТ-компаній. Від продуктових до outstaffing компаній

Розділ II

Класифікація IT-компаній.

Від продуктових до аутстафінгових компаній.

Маючи вищеописані сценарії, давайте розглянемо, з чого варто почати, що у них усіх буде спільного, і які особливості будуть у кожного з вищеописаних сценаріїв. Тут важливо відзначити, що незалежно від початкового досвіду та обраного шляху для створення IT-компанії існує ряд загальних принципів і етапів, які будуть актуальні для будь-якого підприємця. Але перед тим, як ми розпочнемо розглядати принципи та етапи, давайте розглянемо, які типи IT-компаній існують. Таке розуміння дозволить нам глибше розглянути галузь і допоможе приймати обґрунтовані рішення на різних етапах створення та розвитку вашої IT-компанії.

Нижче я перерахую, які існують типи IT-компаній.

Продуктова IT-компанія.

Цей тип компанії спеціалізується на розробці та продажу власних програмних продуктів або рішень, які зазвичай призначені для широкої аудиторії клієнтів.

У таких компаніях центральною частиною бізнесу є сам продукт, який компанія намагається удосконалити та адаптувати під потреби ринку. Продуктові компанії часто прагнуть до інновацій, постійно оновлюючи свої продукти, щоб залишатися конкурентоспроможними. Зазвичай створення та вдосконалення продукту вимагає значних інвестицій в дослідження та розробку такого програмного забезпечення.

Outsource компанія.

Outsource (аутсорсингова) компанія пропонує спеціалізовані IT-послуги для інших організацій або окремих клієнтів на контрактній основі, беручи на себе певні функції або проекти клієнта. Компанії-замовники можуть скористатися послугами аутсорсингової компанії для виконання конкретних завдань, не витрачаючи час і ресурси на їх виконання всередині власної компанії. Аутсорсинг дозволяє знизити операційні витрати за рахунок передачі певних функцій зовнішньому виконавцеві. Аутсорсингові компанії часто мають глибоку експертизу у своїй галузі, що забезпечує високу якість наданих послуг.

Outstaff компанія.

Outstaff (аутстафінгова) компанія надає в оренду іншим компаніям фахівців, що дозволяє замовникам розширювати свої команди, не наймаючи додаткових працівників на постійній основі. Така компанія може швидко знаходити та залучати до роботи висококваліфікованих спеціалістів для конкретних проектів. Аутстафінг дозволяє уникнути багатьох витрат і труднощів, пов'язаних з наймом і управлінням персоналом на повний робочий день. Компанії можуть легко масштабувати команди в залежності від поточних потреб проекту, додаючи або зменшуючи кількість орендованих спеціалістів.

Ці три типи компаній, що описані вище, є одними з найбільш поширених і помітних у секторі ІТ. Також слід відзначити, що існує можливість об'єднання цих типів компаній в одну. Іншими словами, яка-небудь компанія може одночасно займатися розробкою власного продукту, приймати замовлення на розробку програмного забезпечення та передачі своїх спеціалістів на аутстафінг.

Однак сфера ІТ досить обширна і включає в себе безліч інших типів та підтипів компаній.

Ось кілька інших прикладів типів ІТ-компаній:

Компанія з кібербезпеки

Спеціалізується на створенні продуктів і послуг для забезпечення безпеки в цифровому просторі. Основною метою її діяльності є захист інформації, систем, мереж та електронних пристроїв від різноманітних кіберзагроз.

Компанія-провайдер хмарних рішень

Надає інфраструктури, платформи та програмне забезпечення як послуги, використовуючи хмарні технології.

Компанія з аналізу даних (Data Analytics)

Спеціалізується на аналізі великих обсягів даних для надання послуг іншим компаніям і організаціям у прийнятті обґрунтованих рішень.

Компанія з розробки апаратного забезпечення

Займається створенням фізичних компонентів комп'ютерних систем, включаючи чіпи, плати та інше.

Компанія з створення та обслуговування мереж і інфраструктури

Спеціалізується на будівництві та обслуговуванні мереж та інших видів IT-інфраструктур.

E-commerce компанія

Фокусується на електронній комерції, надаючи платформи або рішення для онлайн-торгівлі.

Компанія в галузі штучного інтелекту (AI) та машинного навчання

Розробляє продукти і рішення, що використовують технології штучного інтелекту та машинного навчання.

Компанія в секторі Інтернету речей (IoT)

Компанія в секторі Інтернету речей (IoT) Розробляє рішення для підключення пристроїв до Інтернету для обміну даними та автоматизації процесів.

Далі в книзі ми будемо розглядати створення лише перших трьох варіантів компаній.

Частина III

Основи побудови ІТ-компанії

Розділ III

Основи створення IT-компанії

Після розгляду типів IT-компаній можна перейти безпосередньо до аналізу загальних принципів і етапів, які будуть актуальні для будь-якого підприємця, який хоче створити свою IT-компанію.

Отже, що потрібно зробити:

- Чітко визначте, який тип компанії ви хочете створити – продуктову, Outsource, Outstaff, будь яку іншу, або їх комбінацію, а також те, як вона може бути корисною для потенційних клієнтів.

- Створіть бізнес-план. Це документ, в якому описана ваша стратегія розвитку, потенційний ринок, конкуренти, фінансові прогнози та інші ключові аспекти.

- Юридичне оформлення. Реєстрація юридичної особи, отримання необхідних ліцензій і дозволів.

- Команда. Незалежно від вашого досвіду і шляху, якісна команда фахівців – ключовий елемент успіху будь-якої IT-компанії.

- Культура і цінності компанії. Створення корпоративної культури, яка відображає ваші цінності і допомагає залучати талановитих співробітників.

- Фінансове управління. Правильне управління фінансами, планування бюджету, контроль витрат.

- Маркетинг і продажі. Побудова стратегії залучення клієнтів, просування послуг чи продуктів на ринку.

- Якість і стандарти роботи. Розробка стандартів якості продуктів або послуг та їх постійне дотримання.

- Відгук на зворотний зв'язок. Готовність слухати думку клієнтів і коригувати свою діяльність у відповідь на їх потреб та пропозицій.

- Стратегічне планування. Постійний аналіз свого положення на ринку, планування майбутнього розвитку та коригування стратегії відповідно до умов які можуть змінюватись.

Перелік етапів може здатися вражаючим, і, як правило, він так і виглядає, якщо не весь, то його велика частина може здаватися необов'язковими елементами, і ось в цьому і прихована велика помилка, яка може призвести до наступних проблем:

втраті фокусу і розсіюванню ресурсів на другорядні завдання;

зниженню конкурентоспроможності на ринку через недостатню увагу до якості продукту або послуги;

фінансовим труднощам, що виникають внаслідок неправильного планування або управління бюджетом;

втраті ключових співробітників, які можуть бути розчаровані відсутністю чіткої стратегії та цінностей компанії;

втраті можливостей зростання через нездатність адаптуватися до вимог ринку які постійно змінюються.

І зараз буде великою помилкою вважати, що ви зможете уникнути перелічених проблем, не виконавши загальні принципи.

Мені доводилося бачити компанію, яка, маючи одного клієнта, вважала, що всі ці питання не настільки важливі, і їх можна вирішити в процесі роботи, якось потім, і, втративши клієнта, отримала ряд проблем, які були описані вище. Не робіть такої помилки і почніть правильно будувати свою компанію. Не відкладайте реалізацію принципів і етапів, описаних вище. Якщо у вас недостатньо знань, щоб це самостійно зробити, то залучите відповідного фахівця, повірте, це точно заощадить вам час і кошти.

Зневага ключовими етапами бізнес-планування та стратегічного розвитку є поширеною помилкою серед підприємців. Це особливо характерно для стартапів і малих підприємств, де ресурси обмежені, і є спокуса піти на оперативні компроміси, щоб заощадити час і кошти. Тим не менше, навіть великі компанії можуть потрапити в цю пастку, особливо якщо вони швидко зростають або стикаються з необхідністю трансформації.

Ось чому критично важливо усвідомлювати довгострокову цінність фундаментальної підготовки та планування. Розробляючи комплексний підхід і стратегічний вигляд, ви не тільки зможете уникнути багатьох загальних проблем, але і забезпечите собі стійкість на шляху до успіху. Замість того, щоб йти на поводу у короткострокових заощаджень, приділіть час розробці місії та бачення вашого підприємства, які стануть вашими орієнтирами в будь-яких ситуаціях.

Важливо також пам'ятати, що немає нічого постійного, окрім змін. Ринки, технології, вподобання споживачів та навіть законодавчі рамки безперервно еволюціонують. Ваша здатність бути гнучким і адаптуватися до цих змін, зберігаючи при цьому ясність вашого стратегічного напрямку та цінностей, буде визначати ваш довгостроковий успіх. Оцінюйте поточні тенденції, аналізуйте дані, слухайте відгуки клієнтів і будьте готові до інновацій.

Частина IV

Створення сайту
та ефективне просування в
соціальних мережах

Розділ IV

Створення сайту та ефективне просування у соціальних мережах.

Створення веб-сайту компанії є одним із важливих етапів, і я рекомендую зробити його на початковому етапі розвитку бізнесу, після визначення основних цілей та стратегії компанії. Створення веб-сайту для нової ІТ-компанії стає не лише важливим етапом, але і обов'язковою умовою успішного старту. Особливо на початковому етапі розвитку бізнесу, коли вже визначені ключові напрямки діяльності та сформульовано початкову пропозицію продуктів чи послуг.

Веб-сайт для ІТ-компанії повинен бути не лише візуально привабливим, але й функціональним, пропонуючи відвідувачам глибокий погляд на технологічні рішення, які пропонує компанія. Він повинен служити потужним інструментом, здатним демонструвати технічну експертизу компанії, інноваційні підходи та прагнення до постійного розвитку.

Розробка веб-сайту повинна починатися з чіткого визначення його структури та функціоналу, що включає створення деталізованого проекту, який визначає ключові розділи сайту: послуги, портфоліо, блог чи новинний розділ, контактна інформація, відгуки клієнтів і інше. Технологічна грамотність та інноваційність повинні відслідковуватися в кожному аспекті сайту починаючи від дизайну та до інтерфейсу користувача.

Сайт повинен бути оптимізований не лише для ПК, але і для мобільних пристроїв, пропонуючи користувачам комфортну та зручну взаємодію з контентом в будь-який час та в будь-якому місці. Безпека даних та швидке завантаження сторінок також є критично важливими факторами, враховуючи технічну спрямованість аудиторії ІТ-компанії.

В процесі створення вмісту сайту слід приділити особливу увагу демонстрації кейсів та проектів, виконаних компанією. Потенційні клієнти повинні бачити конкретні приклади успішно реалізованих проектів, що підкреслить експертність та надійність компанії.

В кінцевому підсумку, сайт ІТ-компанії повинен стати своєрідною візитною карткою, яка не лише інформує, але й надихає відвідувачів, демонструючи можливості технологій і інновацій, які компанія може пропонувати світу. Це шанс показати свою унікальність в океані конкурентів та завоювати довіру потенційних клієнтів, підкреслюючи свою роль у прогресивному світі інформаційних технологій.

Примітка: вік сайту також має важливе значення. За датою створення сайту майбутні співробітники або клієнти будуть оцінювати, коли була створена компанія, тобто наскільки вона стабільна, за який період часу вона зросла і якого розміру зараз, і намагатимуться за допомогою цієї інформації оцінити ризики, які можуть виникнути, якщо вони приєднаються до вас працювати, чи зроблять замовлення по розробці програмного забезпечення саме у вашій компанії. Тому не варто затягувати із створенням сайту, це може дати багато можливостей для початкової компанії.

Оскільки ми розглядаємо різні варіанти створення ІТ-компаній з різними технічними знаннями в галузі ІТ (в більшій мірі для сценарію номер три), я нагадаю етапи створення сайту, а на що варто звернути увагу при його створенні, вже було описано мною вище.

1. Підготовка

- Визначення цільової аудиторії.

- Аналіз конкурентів та трендів ринку.

- Формулювання унікальної комерційної пропозиції.

2. Розробка структури та дизайну

- Визначення структури сайту.

- Створення прототипу сайту.

- Розробка дизайну.

3. Розробка сайту

- Вибір технологічної платформи.

- Розробка та програмування сайту.

- Тестування.

4. Запуск

- Запуск сайту.

- SEO-оптимізація.

- Підключення аналітичних систем.

5. Підтримка та оптимізація

- Оновлення контенту.

- Технічна підтримка та оптимізація.

- Аналіз та покращення користувацького досвіду (UX).

Окрім веб-сайту компанії, важливим елементом є її просування в соціальних мережах. Я б хотів зосередити увагу на деяких соціальних мережах, а саме:

LinkedIn

- Професійна соціальна мережа, яка допоможе встановити зв'язки з іншими експертами в галузі IT та потенційними клієнтами.

- Відмінне місце для публікації статей і новин, пов'язаних з індустрією, а також для демонстрації досягнень компанії.

Facebook

- Основне місце для ведення сторінки компанії та спілкування з більш дорослою аудиторією.

- Дозволяє створювати цільові рекламні компанії з широким набором інструментів для сегментації аудиторії.

Instagram

- Ідеально підходить для демонстрації візуального контенту, включаючи портфоліо проектів.

- Дозволяє взаємодіяти з молодою та активною аудиторією через сторіс, пости та IGTV.

Крім цих соціальних мереж, також можна зайнятися просуванням та рекламою вашої компанії в Twitter, YouTube, Telegram, проте я все ж рекомендую почати з перших трьох, особливо з Linkedin, оскільки це глобальна платформа і може бути корисною для присутності та реклами вашої IT-компанії в різних країнах.

Для успішного управління сторінками в соціальних мережах важливо розробити стратегію контент-маркетингу, яка буде включати регулярне оновлення контенту, взаємодію з підписниками та моніторинг ефективності рекламних кампаній. Це допоможе створити стійку та позитивну присутність компанії в інтернеті.

Крім соціальних мереж, варто розглянути інформаційні платформи, де можуть дізнатися про вашу компанію, прочитати відгуки, побачити фотографії офісу, опис проектів, над якими ви працюєте, і таке інше, все це сприяє привертанню як клієнтів, так і тих, хто захоче працювати з вами як співробітники.

Для IT-компаній в Україні рекомендую приєднатися до платформи DOU (Dou.ua), і це дійсно може стати вагомим кроком в розвитку IT-компанії.

DOU – це один з найбільш популярних IT-порталів в Україні, де зібрано багато корисної інформації для професіоналів у сфері інформаційних технологій. Реєструючи компанію на DOU, ви можете отримати наступні переваги:

1. Охоплення цільової аудиторії

- Доступ до великої аудиторії IT-спеціалістів та зацікавлених осіб в галузі.

2. Можливості для рекрутингу

- Публікація вакансій та пошук кандидатів для розширення вашої команди.

3. Брендінг та репутаційний менеджмент

- Створення та управління профілем компанії, де можна розповідати про свою місію, цінності, проекти та корпоративну культуру.

4. Навчання та мережева взаємодія

- Участь в конференціях, вебінарах та інших заходах, організованих порталом.

5. Публікація контенту

- Можливість публікації статей та новин для зміцнення позиції компанії як експерта в галузі.

6. Рекламні кампанії

- Можливість запуску рекламних кампаній для підвищення впізнаваємості бренда та привертання нових клієнтів або співробітників.

Загалом, включення DOU в вашу стратегію просування в соціальних мережах може бути досить продуктивним кроком, особливо якщо ваша мета – зміцнити свою присутність на українському IT-ринку.

Якщо розглядати аналогічні портали чи платформи для інших країн, окрім України, то ось кілька наступних прикладів:

США

- TechCrunch – популярний ресурс, що висвітлює новини стартапів і технологій. Цей ресурс володіє широкою аудиторією та стежить за останніми тенденціями в сфері технологій та інновацій.

- Stack Overflow – не лише платформа для питань і відповідей для програмістів, але й ресурс для пошуку роботи та публікації вакансій в галузі IT. Велика спільнота фахівців та можливість обговорення технічних питань роблять цей ресурс важливим для IT-спеціалістів.

Великобританія

- The Register – популярний портал з новинами про технології та IT. Він відзначається своїм саркастичним стилем та глибоким аналізом подій у світі технологій.

Німеччина

- Heise Online – сайт з новинами про технології, включаючи вакансії та аналітичні матеріали. Його особливістю є акцент на високоякісну журналістику та обговорення тем технічного світу.

Індія

- YourStory – платформа, яка висвітлює історії стартапів та технологічних інновацій в Індії. Цей ресурс важливий для того, щоб дізнатися про успішні випадки в галузі технологій та підприємництва в Індії.

Важливо відзначити, що вибір конкретного ресурсу залежить від специфіки вашого бізнесу та географічної орієнтації.

Також хочу сказати, необхідно провести аналіз ваших майбутніх конкурентів, таких же починаючих компаній, у яких вже є сайти, які працюють і стають успішними. Подивіться, з використанням яких технологій написані їхні сайти, також подивіться на сайти великих компаній, до яких ви прагнете, і також проаналізуйте, на чому написані їхні сайти та з використанням яких технологій. Крім цього, приділіть достатньо уваги дизайну сайтів, що в них вам зручно і що сподобалося в користуванні сайтами, а що вважаєте не зручним. Проконсультуйтеся із фахівцями у цих питаннях, можливо, щось було зроблено навмисно, і після цього врахуйте ці елементи при створенні дизайну та функціоналу вашого сайту. Також зверніть увагу на швидкість завантаження сторінок, наскільки вам зручно працювати з сайтом при той чи іншій швидкості завантаження сторінки. Обов'язково включіть показник швидкості завантаження сторінки як вимогу при розробці сайту вашої компанії.

Щодо вибору технологій чи движка для створення веб- сайту, це залежить від кількох факторів, включаючи специфіку вашого проекту, бюджет та технічні навички вашої команди. Нижче приведено кілька популярних варіантів:

1. Системи управління контентом (CMS)

• WordPress. Один з найпопулярніших користувацьких движків для сайтів. Має велику кількість плагінів та різноманітних тем.

• Joomla. Ще одна популярна CMS, яка пропонує непоганий баланс між гнучкістю та зручністю використання.

• Drupal. Це більш складна система, яка пропонує високий рівень кастомізації.

2. Фреймворки та бібліотеки

• React. Популярна бібліотека для створення користувацьких інтерфейсів.

• Angular. Фреймворк для створення динамічних веб-додатків.

• Vue.js. Ще один популярний фреймворк для створення користувацьких інтерфейсів.

3. Статичні генератори сайтів

• Jekyll. Простий та легкий генератор статичних сайтів, інтегрований з GitHub Pages.

• Gatsby. Потужний генератор, заснований на React, який дозволяє створювати високопродуктивні сайти.

• Hugo. Дуже швидкий і гнучкий генератор статичних сайтів, написаний на Go. Відомий своєю швидкістю та простотою використання, підтримує теми та розширення. Добре підходить для блогів, документації та портфоліо.

- Next.js. Хоча це фреймворк, його також можна використовувати для генерації статичних сайтів з використанням React. Next.js надає відмінні можливості для серверного рендерингу та генерації статичних веб-сторінок. Він інтегрується з різними джерелами даних і дозволяє створювати масштабовані додатки.

Частина V

Основи спілкування та формування репутації IT-компанії

Розділ **V**

Основи спілкування та формування репутації ІТ-компанії

На початковому етапі створення будь-якої компанії, зокрема ІТ-компанії, важливо надати особливу увагу формуванню позитивної репутації. Це особливо важливо в сучасному світі, де інформація поширюється неймовірно швидко та масштабовано завдяки Інтернету і соціальним мережам.

Давайте розглянемо приклад того, що може трапитися, якщо ви погано поводитесь з якимось співробітником. Ймовірно, це може статися з третім варіантом нашого сценарію (людина, яка захотіла створити ІТ-компанію, хоча не знає ІТ-сферу). Існує велика ймовірність, що він може не розуміти, що це важлива робота і на неї має йти саме стільки часу і зусиль, і, наприклад, не виплатити людині повну суму за її роботу. Якщо це трапиться, є кілька можливих варіантів розвитку подій, але ми розглянемо ті, які є най неприємнішими для компанії.

В одному з варіантів співробітник залишає компанію і розповідає всім своїм знайомим про те, що сталося і чому він покинув цю компанію. Він також може розповідати про це на співбесідах, тим самим формуючи неприємну репутацію компанії.

Розгляньмо наступний варіант розвитку подій, коли цей співробітник, який вийшов, залишає відгуки в соціальних мережах або на спеціальних платформах, де є сторінки про вашу компанію. На багатьох ресурсах неможливо заблокувати відгуки, і всі потенційні працівники компанії побачать цей відгук, якщо він буде один, і це сильно вплине на вибір працювати саме в вашій компанії.

Тому розпочинайте свою роботу чесно і перевірте або зверніться за консультацією до інших фахівців, чи правильно ви зробили. Ще краще домовтеся з людиною, яка вам не підходить і має намір звільнятися (або ви його звільняєте).

Далі я хочу розглянути, як відбувається, взагалі, пошук роботи фахівцями у сфері ІТ.

Після того, як кандидат знаходить вакансію на якомусь ресурсі, яка йому може підійти та зацікавила його, прочитавши вимоги до кандидата на посаду, кандидат визначає ставку за годину роботи або оплату праці за цю вакансію.

Якщо посада підходить кандидатові, він починає збирати всю інформацію про компанію: коли вона була створена, чим займається, скільки співробітників у компанії, наскільки швидко вона розвивається. Він читає всі відгуки про компанію, які може знайти, і після цього, якщо все його влаштовує, пише рекрутеру компанії. Далі зазвичай йде процес співбесід і прийняття на роботу або пошуку іншого варіанту як для компанії, так і для кандидата.

Отже, важливі не лише негативні відгуки, а й те, чи є позитивні, і скільки їх. Наприклад, ви знайшли 100 позитивних відгуків про компанію і 1 негативний. Ймовірно, ви подумаєте, що це просто не підійшли один одному співробітник і компанія... хто з нас не помиляється? Також ймовірно, ви подумаєте, що це одиничний випадок, і, ймовірно, не приділите великої уваги цьому відгуку (звісно, якщо це не щось дуже погане).

Нижче ми розглянемо, на що можуть впливати позитивні відгуки і чому вони настільки важливі.

- **Вплив на репутацію.** На ранніх стадіях, коли бренд лише починає формуватися, кожен відгук має величезне значення. Позитивні відгуки можуть стати запорукою успіху, забезпечуючи потік нових клієнтів, які довіряють думці інших.

- **Стійкий розвиток.** Позитивні відгуки служать чудовим спонукачем для команди. Вони можуть посилити мотивацію та надати розуміння того, що компанія рухається в правильному напрямку. Це створює атмосферу впевненості та стабільності, що важливо для стійкого розвитку бізнесу.

Далі звернемо увагу на відносини між власником компанії та його співробітниками, а саме, на те, що обов'язково повинно бути:

- **Відкритість та довіра.** Власник компанії повинен прагнути створити атмосферу відкритості та довіри. Це допоможе сформувати команду однодумців, які будуть працювати над спільною метою, а не просто виконувати інструкції.

- **Навчання та розвиток.** Створення умов для професійного та особистісного розвитку співробітників є важливим аспектом управління. Інвестиції в навчання співробітників не лише підвищать їх кваліфікацію, але й покращать відносини всередині колективу.

- Визнання та заохочення. Власник компанії повинен вміти визнавати досягнення своїх співробітників та заохочувати їх за хорошу роботу. Це створює позитивну атмосферу та мотивує співробітників прагнути до кращого.

Підсумовуючи все вище сказане, можна сказати, що на початковому етапі формування компанії критично важливо прагнути отримувати позитивні відгуки, активно працюючи над якістю продукції та послуг, а також приділяючи увагу благополуччю та розвитку своїх співробітників. Це створить стійку основу для успішного майбутнього вашого бізнесу.

Частина VI
Як виявити обман і сформувати
сильну команду

Розділ VI

Як виявити обман та сформувати потужну команду

У цьому розділі давайте розглянемо, як для кожного з раніше описаних сценаріїв (розробник, менеджер, особа, не з IT-сфери) підібрати для себе співробітників у компанію. Коли вже є команда, можна залучати співробітників на співбесіди та покладатися на їх технічну оцінку, з кимось можна провести індивідуальну співбесіду, але давайте трошки ускладнимо задачу.

Наприклад, до вашої молодої компанії звернувся клієнт, який захотів створити проект, пов'язаний із блокчейном, наприклад, створення криптовалютної біржі чи обмінника, а у вашій компанії немає таких фахівців. Що робити в такому випадку?

Розробник і менеджер можуть почати використовувати свої професійні контакти. Завдяки своєму досвіду вони можуть використовувати свої професійні зв'язки для пошуку відповідних кандидатів. Проте це може не допомогти, оскільки існує велика ймовірність того, що серед їхніх знайомих немає таких фахівців, і тоді всі опиняються в приблизно однаковому положенні. З'являється питання, що робити всім їм в такій ситуації, оскільки знайти і найняти відповідних фахівців для такого амбіційного проекту, як криптовалютна біржа чи обмінник, завдання непросте.

Наведу кілька стратегій та кроків, які можна вжити:

Крок 1. На першому етапі потрібно визначити технічні вимоги, і тут варто почати з визначення технічного стеку:

- Визначте технічний стек проекту, виходячи з вимог до продуктивності, безпеки та масштабованості.
- Вивчіть основні технології, які використовуються в криптоіндустрії, такі як блокчейн, криптографія та смарт-контракти, щоб визначити, які знання та навички будуть необхідні.

Далі варто визначити, які ролі будуть, а точніше, повинні бути, в команді, яка буде займатися цим проектом:

- Архітектор системи. Спеціаліст, який допоможе визначити основну структуру системи.
- Розробники блокчейну. Фахівці, які мають досвід роботи з технологіями блокчейну.
- Бекенд і фронтенд розробники. Професіонали, здатні реалізувати функціональність веб-платформи.
- Спеціалісти з безпеки. Експерти, здатні забезпечити захист системи від вторгнень та вразливостей.

Тут у вас може виникнути просте питання, стек, ролі в команді, хто це може зробити, тим більше, якщо таких фахівців у нас в компанії немає, а визначення технічних вимог – це критично важливий крок.

Залежно від рівня досвіду засновників, у цьому процесі можуть брати участь наступні особи:

- **Засновники компанії** (якщо у них є технічна освіта або досвід): вони можуть встановити початкові вимоги та напрямки на основі їхнього розуміння ринку і технологій.
- **Технічний директор** (СТО): якщо в команді є СТО з досвідом в галузі ІТ і, бажано, в криптоіндустрії, він може очолити процес визначення технічних вимог, вибору технічного стеку і формування команди розробників.
- **Архітектор системи**: експерт, що спеціалізується на проектуванні технічних систем і може визначити оптимальну архітектуру проекту, враховуючи всі функціональні та нефункціональні вимоги.

Якщо хтось з перелічених в компанії все ж таки присутній, це дійсно може допомогти в такому процесі. Якщо немає, то у вас залишається варіант залучення зовнішніх консультантів та експертів галузі. Ці консультанти зможуть пропонувати спеціалізовані знання та досвід у галузі блокчейну та криптовалют.

Прийоми сторонніх компаній

для продовження роботи над проектом (рибка на гачку)

А ось тут можуть бути додаткові ризики. Звісно, на перший погляд їх не помітно, але я постараюся їх детально описати, так як маю деякий досвід подібного роду.

Отже, ваше завдання - знайти компанію, яка займається подібними проектами і має відповідних експертів, або ви знаходите окремих спеціалістів, що в принципі складніше і триваліше. Тому, із великою ймовірністю, ви звертаєтеся з цим питанням до компанії і домовляєтеся з ними і про створення технічних вимог, і про вибір технологічного стеку, і про використання працівників компанії в подальшому підборі фахівців, тобто, щоб вони брали участь у співбесідах фахівців, яких ви плануєте взяти в проект.

«Що тут може трапитися, і які можуть бути ризики?» - можете запитати ви.

Перше, що може трапитися - це недостатньо якісно написані вимоги, далі - для стеку, який вони визначили, буде максимально складно знайти фахівців на ринку і далі, може бути постійне відхилення з їх боку кандидатів, яких ви їм будете надсилати. Аргументація буде різною: недостатньо досвіду; там все набагато складніше; потрібен архітектор, якого важко знайти на ринку під цей проект і так далі. Це буде відбуватися протягом якогось періоду, а я нагадаю вам, що у вас "висить" цей проект, і замовник чекає і квапить вас з початком робіт над цим проектом. Ви, ймовірно, будете йти в компанію, з якою вже співпрацюєте, описувати ситуацію і питати, «Що ж робити?» І тут раптом у них випадково виявляться саме ті фахівці, які вам потрібні, і не за самою низькою ціною. А так як ви вже затягнули всі строки здачі проекту, вам доведеться їх наймати, і ще й не на короткий термін, так як на них є попит і так далі. Що робити в такій ситуації?

Я б порекомендував відмовитися від співпраці з такою компанією, до *чогось хорошого це точно не призведе. Краще активувати всі можливі ресурси власної компанії для знаходження інших експертів або компаній, які мають хорошу репутацію.*

Сподіваюся, такий мій опис зможе вам допомогти не потрапити в подібну ситуацію і відразу її розпізнати.

Після того, як у вас вже є технічні вимоги до проекту, є розуміння, які ролі вам потрібні в проекті, і які технології для нього можна використовувати, то можна більш детально розглянути сам процес пошуку та підбору кандидатів.

Як приклад, для такого проекту може підійти наступний стек технологій:

1. Блокчейн та смарт-контракти:

Solidity: мова програмування для написання смарт-контрактів на блокчейні Ethereum.

Chaincode (Hyperledger Fabric): мова програмування для створення смарт-контрактів в середовищі Hyperledger.

Rust та Clarity: використовуються для розробки смарт-контрактів на блокчейнах, таких як Solana та Stacks відповідно.

2. Розробка бекенду:

Node.js: популярна платформа для створення серверної частини додатка.

Python: використовується для розробки бекенду та може також використовуватися для аналізу даних та машинного навчання.

Java або Spring Boot: застосовується для розробки масштабованих та надійних бекенд-систем.

Ruby (Ruby on Rails): інший вибір для розробки бекенду, особливо якщо у вас вже є досвід роботи з цією мовою.

3. Розробка фронтенду:

React.js: популярна бібліотека для створення користувацьких інтерфейсів.

Angular: платформа для побудови мобільних та настільних веб-додатків.

Vue.js: прогресивний фреймворк для створення користувацьких інтерфейсів.

4. Бази даних:

PostgreSQL: потужна відкрита система управління реляційними базами даних.

MongoDB: документоорієнтована база даних, яка добре підходить для зберігання великих обсягів неструктурованих даних.

Redis: дані зберігаються в пам'яті, часто використовується як кеш для покращення продуктивності.

5. Безпека та шифрування:

SSL/TLS: протоколи для забезпечення безпеки комунікацій в мережі.

JWT: стандарт створення токенів доступу, який забезпечує безпечний обмін інформацією.

OAuth 2.0: відкритий стандарт для безпечної авторизації.

Група, яка працює над проектом: після формування команди можна організувати сесії мозкового штурму з участю всіх ключових учасників проекту (включаючи розробників, аналітиків та інших фахівців), щоб зібрати різні перспективи та ідеї.

Крок 2. Пошук та вибір кандидатів

Відбір кандидатів для створення криптовалютного обмінника чи біржі – завдання досить складне, яке вимагає спеціалізованих знань у сфері IT та криптовалют. Давайте розглянемо, якого рівня рекрутери та скільки їх може знадобитися для проекту такого рівня.

З особистого досвіду можу сказати, що досвідчений технічний рекрутер повинен бути в кожній компанії, і це дуже допомагає в пошуку потрібних кандидатів, а також впливає на швидкість підбору потрібного фахівця, тому обов'язково беріть такого спеціаліста до своєї компанії.

Далі, якщо проект знаходиться на початковому етапі, команда невелика, і замовник ще готовий трошки почекати, то одного досвідченого рекрутера може бути достатньо. Він зможе займатися усім процесом найму, починаючи від пошуку кандидатів і закінчуючи проведенням співбесід. З ростом проекту і збільшенням обсягу роботи може знадобитися команда рекрутерів. У такому випадку команда може включати рекрутерів різного рівня, включаючи junior рекрутерів для виконання первинних завдань і рекрутерів рівня senior для організації та координації процесу найму.

Далі давайте розглянемо, де можна знайти підходящих нам фахівців, це можуть бути як спеціалізовані платформи, такі як LinkedIn, Stack Overflow Jobs, djinni.co та інші, так і конференції чи мітапи.

Відвідуйте конференції та мітапи, пов'язані з блокчейном та криптовалютами, щоб знайти потенційних кандидатів.

Давайте трошки приділимо уваги і самому процесу співбесід кандидатів. Організуйте технічні співбесіди з участю досвідчених фахівців, які можуть адекватно оцінити навички кандидатів. Якщо таких фахівців в компанії немає, запросіть зовнішніх експертів. Якщо виникнуть питання чи сумніви щодо кандидата, запропонуйте йому виконати тестові завдання чи кейс-стаді (Case study), щоб оцінити його практичні навички та підхід до вирішення проблем. Переконайтеся, що кандидати мають необхідні технічні навички. Також потрібно оцінити досвід кандидатів у криптовалютній галузі та їх розуміння специфіки роботи з блокчейн-технологіями.

Ще є невеличкий нюанс, про який іноді забувають, а він може виявитися дуже важливим. Це soft-skills або культурна сумісність. Перевірте, наскільки кандидати можуть працювати в команді та можуть вписатись у корпоративну культуру вашої компанії. Оцініть мотивацію кандидатів та їх готовність вкластися в успішний розвиток проекту.

Після того, як ви визначили, що якийсь кандидат вам підходить, вам потрібно буде зайнятися його введенням в команду та його інтеграцією. Для цього вам доведеться виконати наступні кроки:

- Розробіть програму введення нових співробітників, щоб допомогти їм швидко адаптуватися та інтегруватися в команду.
- Призначте менторів для нових співробітників, щоб допомогти їм освоїтися та розвиватися в компанії.

Якщо ви виконали всі пункти цього ретельно спланованого процесу, то власники компаній зможуть сформувати сильну та компетентну команду, здатну реалізувати проект криптовалютного обмінника чи біржі успішно та ефективно.

Хочу нагадати, що проект криптовалютного обмінника був взятий як приклад, щоб на ньому розглянути питання, проблеми та ризики, які можуть виникнути при отриманні проекту компанією, з якою раніше не було досвіду роботи. Також на цьому прикладі добре було розглянути нюанси, які можуть виникнути при взаємодії з іншими компаніями, а також при підборі фахівців на проект. Окремо можу відзначити, що DevOps для таких проектів є обов'язковим, так само як і досвідчений тестувальник (QA), і ні на DevOps-і, і ні на QA, не варто економити і потрібно брати на цю роль тільки досвідчених та висококваліфікованих фахівців.

Частина VII

Основи та особливості робіт із проектами (Outsource)

Розділ VII

Основи та особливості роботи з проектами

(Outsource)

Починаючи роботу з проектами, давайте розглянемо наявні моделі оплати за проекти. З якими зручніше працювати, а також розглянемо, які методології і коли краще використовувати. Так от, давайте розпочнемо які моделі оплати за проекти існують, тут варто сказати що їх не дві, як багато людей вважають (Fixed Price, Time and Material), а трошки більше, і я кратко опишу їх нижче:

- Fixed Price або проект із фіксованою ціною - це тип контракту, при якому виконавець і замовник домовляються про фіксовану вартість за повне виконання проекту. Усі вимоги та область дій проекту чітко визначаються вже з самого початку, і будь-які зміни в плані можуть вимагати переговорів щодо нової ціни та строків.
- Time and Material - це модель контракту, де оплата здійснюється на основі фактично витраченого часу та ресурсів за виконання робіт. Ця модель передбачає велику гнучкість, оскільки область дій проекту може змінюватися в процесі роботи, а клієнт сплачує лише фактично виконані роботи та використані матеріали. Це може включати оплату праці спеціалістів, вартість матеріалів, а також інші пов'язані із проектом витрати.
- Cost Plus - у цій моделі контракту клієнт оплачує витрати, понесені виконавцем, плюс додаткову суму у вигляді прибутку. Цю модель часто використовують, коли заздалегідь важко визначити область робіт або потрібні витрати.
- Retainer - це довгостроковий контракт, при якому клієнт платить фіксовану суму регулярно (наприклад, щомісячно) за певні послуги або обсяг робіт.
- Revenue Share - у цій моделі виконавець отримує відсоток від прибутку чи доходу, який генерує проект, замість передоплати за свої послуги.

- Equity - у деяких випадках, особливо в стартапах, команди можуть працювати за частку в бізнесі або участь в капіталі компанії замість традиційної оплати.
- Milestone Payment - це варіація Fixed Price, де оплата здійснюється при досягненні певних етапів чи віх проекту.

Найчастіше вам доведеться зіткнутися з двома першими моделями проектів, і можливо, лише з Fixed Price. Чому саме вона? Тому що в такій моделі замовник отримує фіксовану суму, знає термін, протягом якого буде виконаний його проект, і може розраховувати на ці значення. Тому важливо розуміти, що робота за моделлю Fixed Price може становити серйозні виклики для молодої IT-компанії, особливо коли у вас обмежена кількість співробітників. У ситуації, коли замовники наполягають на цій моделі оплати, важливо врахувати ряд аспектів і ризиків. Давайте розберемося з цим детальніше.

Отже, уявімо, що ваша компанія активно росте і налічує від 10 до 15 співробітників. Вам почали надходити проекти, де замовники хочуть працювати саме за моделлю Fixed Price. Із великою ймовірністю вам доведеться виділити найбільш досвідченого співробітника з вашої команди для оцінки проектів, щоб не відволікати решту. Однак навіть цей крок може виявитися сповільнюючим фактором у зростаючому бізнесі. Далі давайте розглянемо можливі ризики та стратегії управління ними.

Ризики, які можуть виникнути з великою ймовірністю:

- Банальний недолік часу який потрібен на розрахунки. Ваші ключові фахівці можуть бути сильно завантажені, і у них не буде достатньо часу для глибокого поглиблення в кожен новий проект для ретельної оцінки.
- Невизначені вимоги від замовника. Іноді замовники самі не до кінця розуміють, що хочуть отримати у кінцевому підсумку. Це може створити ускладнення при складанні точної оцінки, що збільшує ризик недооцінки.
- Конкуренція на ринку. Тиск з боку конкурентів, які можуть запропонувати більш низьку вартість, може змусити вас йти на компроміси в оцінці, що збільшує ризик збитків.

Отже, що ж робити і як уникнути тих ризиків, які були описані вище. Я можу запропонувати декілька стратегій поведінки, які не зможуть повністю усунути ризики, але зможуть їх мінімізувати.

Я рекомендую для всіх проектів такого роду обов'язково:

- Виконувати докладну документацію для таких проектів. Роботу з детальною документацією вимагає виконувати разом із замовником. Це допоможе мінімізувати ризики, пов'язані з невизначеними або вимогами які змінюються. Якщо такої можливості у замовника не буде, то намагайтеся отримати від нього максимальну кількість уточнень щодо питань, які вас цікавлять, і приділить достатньо часу на точну оцінку проекту.
- Впроваджувати стратегію, в межах якої до оцінки додається певний "буфер" для покриття можливих ризиків і неочікуваних затримок.

На що це може знадобитися. Дуже гарне правило, що оцінку повинен робити той, хто і буде виконувати роботу по проекту. Цього часто не буває. Оцінку, як я вже писав вище, скоріше за все буде робити одна-дві людини з компанії, а виконувати роботу по проекту можуть всі. Іншими словами, оцінку зробив сеньйор і розрахував час для себе, а виконувати роботу буде мідл, і йому з більшою ймовірністю доведеться витратити більше часу на виконання завдань, які оцінив сеньйор.

- Підтримувати відкрите і чесне спілкування з замовником. Поясніть, що більш точна оцінка служить заставою якісного виконання проекту без неочікуваних подорожчань у майбутньому.
- Запропонуйте створення прототипу проекту перед основною фазою розробки, що дозволить краще зрозуміти вимоги та потенційні складнощі, а також скоригувати оцінку за потреби.
- Розгляньте можливість поетапного впровадження проекту, де початкові етапи слугуватимуть перевіркою концепції і дозволять точніше оцінити подальші роботи.

Почавши використовувати такі стратегії, ваша компанія зможе більш впевнено працювати з проектами за моделлю Fixed Price, мінімізуючи ризики і збільшуючи шанси на успішне та взаємовигідне співробітництво з замовниками.

Далі, як і планувалося, розглянемо наступну модель оплати за проектами, а саме Time and Material.

Працюючи за моделлю Time and Material, компанії часто стикаються з тим, що цю модель обирають замовники, які вже мали досвід співпраці з ІТ-компаніями і розуміють складнощі та динаміку процесу розробки. Однак вибір цієї моделі в багатьох відношеннях пов'язаний з рівнем довіри між замовником і виконавцем.

Розглянемо деталі та витонченості роботи за цією моделлю:

- Довіра та прозорість. Оскільки клієнт регулярно оплачує фактично виконану роботу, це вимагає високого рівня прозорості у веденні проекту, де кожен етап повинен бути чітко задокументований та обґрунтований.
- Гнучкість. Ця модель дає більш гнучкий підхід до управління проектом, вносячи зміни та доповнення під час виконання робіт, що може бути більш ефективним в умовах змінних вимог або невизначеності на початкових етапах.
- Ризик неправильної оцінки пріоритетів. Може статися так, що команда розробників може зосередити зусилля на функціоналі, який, на її думку, є важливішим або потребує рефакторингу, що може не збігатися з очікуваннями клієнта.

Рекомендації, які допоможуть успішно та ефективно розпочати використання моделі Time and Material:

- Підтримуйте регулярний та відкритий обмін інформацією з клієнтом, обговорюючи прогрес та поточні пріоритети, щоб уникнути непорозумінь та конфліктів.
- Розробіть систему звітності, яка в реальному часі буде показувати виконану роботу, витрачений час і використані ресурси.
- Впроваджуйте процес періодичної оцінки та можливого перегляду пріоритетів у співпраці з клієнтом, щоб проект ефективно розвивався в потрібному напрямку.
- Проводьте консультаційні зустрічі з клієнтом, де пояснюйте значення та необхідність тих чи інших дій, включаючи рефакторинг, для успішного завершення проекту.

Модель Time and Material пропонує більш гнучке та динамічне спілкування між сторонами за умови високого рівня довіри та відкритості. Правильно організований процес роботи за цією моделлю може стати запорукою успішного та довгострокового співпраці.

Інші моделі ми в даній книзі розглядати не будемо, але, знаючи їх назви та загальний опис, ви самостійно зможете ознайомитися з ними та запропонувати клієнту якусь іншу модель, яка може бути більш ефективною в проекті, ніж одна з тих, які ми детально розглянули.

Після детального опису моделі Time and Material, не можна пройти повз те, якою методологією краще користуватися в проектах з такою моделлю оплати. Я вважаю, ви вже здогадалися, що я далі запропоную - звісно ж, Agile методологію. Багато клієнтів не хочуть її оплачувати, оскільки вважають, що їм не варто платити за те, що у вас так часто відбуваються різні зустрічі і сумарно на ці зустрічі можуть виходити більше одного робочого дня при двотижневому спринті. Але для того, щоб у вас були аргументи захищати цю методологію, нижче я наведу 5+1 причин, чому слід впроваджувати Agile на таких проектах. Це не означає, що в моделі Fixed Price Agile не знайде своєї ніші, звісно, це не так. Як в Fixed Price, так і в Time and Material можна і потрібно працювати з Agile, ось чому:

- Швидка реакція на зміни. Стартапи працюють в умовах великої невизначеності. Вимоги до продукту та ринкова ситуація можуть змінюватися дуже швидко. Agile дозволяє командам легко адаптуватися до таких змін завдяки коротким ітераціям та гнучкому підходу до планування.
- Постійна взаємодія з клієнтом. Центральним принципом Agile є акцент на співпраці та постійному зв'язку із замовником. Це дозволяє командам стартапів краще розуміти потреби клієнтів та швидко коригувати продукт у потрібному напрямку.
- Постійне вдосконалення. Agile-методології, такі як Scrum, включають регулярні ретроспективи, які допомагають команді аналізувати свою роботу, виявляти проблемні зони та шукати шляхи їх вдосконалення.
- Мотивація команди. Agile-підходи, такі як Scrum або Kanban, дозволяють командам мати чітке уявлення про свої завдання, прогрес та результати. Це створює відчуття досягнень, підвищує мотивацію та залученість команди.

- Раннє виявлення помилок та ризиків. Завдяки коротким ітераціям та постійному тестуванню помилки та проблеми в продукті виявляються на ранніх етапах, що знижує витрати на їх виправлення та зменшує ризики.

+1. Створення MVP. Впровадження Agile дозволяє швидко створити мінімально життєздатний продукт (MVP) та тестувати його на ринку. Це надає можливість отримати зворотний зв'язок від реальних користувачів та визначити, чи варто інвестувати ресурси в подальший розвиток продукту чи слід змінити напрямок розробки. Усі ці причини роблять Agile ідеально підходящим для стартапів, які прагнуть швидко реагувати на зміни, оптимізувати свої процеси та постійно вдосконалювати свій продукт.

Agile підхід забезпечує стартапам можливість швидко змінювати пріоритети відповідно до зворотного зв'язку ринку. Це дозволяє не лише реагувати на поточні тенденції, а й передбачати потреби клієнтів, адаптуючи продукт під зміни в попиті та технологічних інноваціях. Таким чином, компанії можуть не лише виживати, а й процвітати в умовах непередбачуваності, що є ключовим фактором успіху в динамічній стартап-екосистемі.

У світі стартапів, де швидкість визначається ефективністю реагування на ринкові зміни, Agile стає невід'ємним інструментом для досягнення успіху. Постійне вдосконалення, властиве Agile, допомагає не тільки уникати негативних явищ, а й виявляти можливості для зростання та оптимізації. Ретроспективні зустрічі, як вже зазначено раніше, створюють позитивне середовище для самовдосконалення.

Окрім цього, важливим аспектом Agile є сприяння збалансованому розвитку команд та стимулювання творчого підходу до вирішення завдань. Гнучкість методології дозволяє легко адаптуватися до змін у вимогах ринку, що дозволяє стартапам швидко перебудовувати свої стратегії та досягати більшого успіху у конкурентному середовищі.

Узагальнюючи, Agile не лише може підтримувати ефективність на проектах Time and Material, але й стає критичним фактором успіху у світі стартапів. Його гнучкий підхід, акцент на комунікації та постійне вдосконалення дозволяють не просто виживати в умовах невизначеності, але і виділятися та процвітати в динамічному стартап-середовищі.

Неабиякі переваги Agile виявляються й у здатності створювати здорову корпоративну культуру. Принципи взаємодії, отримані завдяки Agile, сприяють формуванню команд, що відзначаються взаємоповагою та відкритістю до ідей кожного учасника. Це стимулює не лише вирішення завдань на рівні проектів, але й сприяє загальному покращенню організаційного клімату.

Такий підхід дозволяє створювати ефективні та високопродуктивні команди, які здатні швидко реагувати на виклики ринку. Відкритість до змін, характерна для Agile, дарує компаніям гнучкість та адаптивність, що є важливими перевагами в умовах невизначеності та швидкозмінного інноваційного середовища стартапів.

Частина VIII

Створення напряму Outstaff. Як відкривати цей напрямок

Розділ VIII

Створення напрямку Outstaff. Як відкривати цей напрямок.

В цьому розділі ми розглянемо, як і чому слід займатися напрямом Outstaff (аутстафінг). Звісно, компанія може сконцентруватися тільки на продукті або лише на напрямку Outsource, але тоді у компанії буде ряд втрачених можливостей. Отже, раніше ми вже давали визначення Outstaff, тому зараз не будемо зупинятися на цьому, краще розглянемо, які можуть бути плюси від його використання:

1. **Фінансова вигода.** Я думаю, цей пункт повинен бути зрозумілим усім, але я спробую розглянути його детальніше, думаю, це буде корисно. Відкриваючи такий напрям, компанія може почати економити на витратах, пов'язаних з утриманням персоналу, таких як податки, соціальні внески, страхування, і т. д., оскільки багато з цих зобов'язань переходять на плечі клієнта. Також компанія, яка "здає в оренду" свого співробітника, може розраховувати на стабільний і передбачуваний грошовий потік завдяки фіксованим контрактам і оплаті. Це також буде дуже корисно для збереження експертизи такого фахівця, оскільки він все ще залишається вашим співробітником.

2. **Розширення клієнтської бази і ринків збуту.** Займаючись аутстафінгом, компанія може обслуговувати клієнтів з різних країн і регіонів, розширюючи свою присутність і зміцнюючи позиції на ринку. Також цілком можливий перехід від аутстафінгу до аутсорсингу, якщо ви зарекомендували себе як компанія, в якій працюють професіонали як технічного характеру, так і відмінні менеджери. Тоді компанії, з якими ви якийсь час працювали по аутстафінгу і у них з'явився проект, то, ймовірно, вони захочуть віддати його вам на аутсорсинг.

3. **Зменшення ризиків.** Аутстафінг може знизити юридичні і фінансові ризики, пов'язані з трудовими відносинами, оскільки відповідальність за співробітників частково лягає на клієнта.

Таким чином, займаючись напрямом Outstaff, компанії отримують можливість оптимізувати свої оперативні та фінансові показники, поліпшити позиції на ринку і підвищити конкурентоспроможність свого бізнесу.

Проте основною вигодою для "молодих" компаній залишається стабільний дохід від здачі в оренду своїх спеціалістів. Якщо компанії працюють тільки в одному напрямку, наприклад, тільки в Outsource, то рано чи пізно виникне проблема з "bench". Коли у вас вивільняється спеціаліст, оскільки закінчується проект, і поки його немає можливості направити на інший проект, так як його просто немає, і втрачати такого спеціаліста ви теж не бажаєте, то виникає проблема, що йому треба виплачувати зарплату, навіть якщо він нічого не робить. Як ви розумієте, спеціаліст, якого не захоче втрачати компанія, скоріше за все, буде не junior-ом, а скоріше за все middle-ом або senior-ом із відповідною заробітною платою. Таких людей, що сидять на "bench", може бути і не один і не два. Компанія буде постійно втрачати невеличкі суми грошей, зберігаючи спеціалістів. Якщо компанія займається двома напрямками одночасно, як Outsource, так і Outstaffing-ом, тоді у неї буде можливість здати в оренду таких спеціалістів, поки для них не буде знайдено відповідний проект. Також компанія буде не тільки зберігати, а й заробляти на цьому. Окрім заробітку, а не втрат, також існує важливий фактор - це збереження експертизи спеціаліста. До такого спеціаліста завжди можна буде звернутися з питанням, де він може бути єдиним експертом в компанії.

Як і де знаходити канали для здачі в оренду ваших спеціалістів.

Одразу скажу, що тут не буде чогось універсального, і вам доведеться займатися різними напрямками. Іншими словами, якщо у вас є десять співробітників, які скоро можуть опинитися без проекту, то розраховувати тільки на спеціалізовані Telegram канали, де є запити на отримання спеціалістів в оренду - не варто. Щоб збільшити ймовірність здачі в оренду ваших спеціалістів у рази, потрібно працювати в таких напрямках як:

1. **B2B платформи і маркетплейси**, такі як Upwork, Toptal, LinkedIn.

2. **Галузеві веб-сайти і форуми.** Розміщуйте інформацію на спеціалізованих сайтах і форумах вашої галузі, де потенційні клієнти можуть шукати спеціалістів.

3. **Прямі переговори і мережеві заходи.** Беріть участь в галузевих

конференціях, виставках та заходах для зустрічі з потенційними клієнтами. Звертайтеся безпосередньо до компаній, які можуть бути зацікавлені в оренді ваших спеціалістів.

4. **Партнерські відносини.** Співпрацюйте з іншими компаніями та агентствами, які надають додаткові або суміжні послуги, для розширення клієнтської бази. Це може бути дуже корисним на початкових етапах не тільки для розширення мережі клієнтів, а й для "перегляду" моделі роботи компанії, тим паче, якщо вона має більший розмір і працює довше.

5. **Соціальні мережі та спільноти.** Розміщуйте інформацію та спілкуйтеся з потенційними клієнтами через соціальні мережі та спільноти, такі як Facebook, Twitter і професійні групи.

6. **Контент-маркетинг і блоги.** Створюйте та публікуйте статті, кейси та інший корисний контент, який демонструє вашу експертизу і привертає увагу потенційних клієнтів.

7. **SEO та контекстна реклама.** Оптимізуйте ваш веб-сайт для пошукових систем та використовуйте контекстну рекламу для привертання трафіку потенційних клієнтів.

8. **Email-маркетинг.** Організовуйте email-розсилку з інформацією про ваші послуги для цільової аудиторії.

9. **Створення бренду та репутації.** Працюйте над формуванням бренду та репутації вашої компанії через якісні послуги, відгуки клієнтів та рекомендації.

Здійснюючи різні стратегії та використовуючи різні канали, ви зможете ефективно привертати клієнтів для здачі в оренду ваших спеціалістів.

Звісно, працювати одразу за всіма переліченими пунктами компанії, яка тільки була створена, дуже не просто, а інколи може бути просто неможливо, тому не варто відразу намагатися охопити всі канали. Краще сконцентруйтеся на декількох і, поступово розширюйте свою присутність.

Таким чином, я б розділив за пріоритетами те, над чим слід працювати.

До першого пріоритету я б відніс наступні пункти:

- прямі переговори та мережеві заходи,
- LinkedIn та професійні соціальні мережі,
- B2B платформи та маркетплейси (Upwork, Toptal),
- партнерські відносини.

До другого пріоритету я б відніс:

- контент-маркетинг і блоги,
- соціальні мережі та спільноти,
- SEO та контекстна реклама,
- Email-маркетинг.

Інші пункти можна залишити на потім.

Важливо оцінити свої ресурси і визначити, які канали є найбільш ефективними та реалізованими для вашої компанії.

Хто може та повинен займатися розробкою та відкриттям різних напрямків для Outstaff.

Ми розглянули велику кількість напрямків, якими слід займатися для розвитку напряму Outstaff в компанії. Але оскільки у нас тільки сформувалася команда або вона лише у процесі формування, то звісно всіх необхідних фахівців ще немає, а можливо, така ситуація, при якій навіть невідомо, які фахівці нам потрібні. У разі сценарію, де проектний менеджер формує компанію, такого питання може і не виникнути, я б навіть сказав, що 50 на 50, в інших сценаріях практично із 100 відсотків ймовірністю таке питання з'явиться. Тому давайте розглянемо, хто ж нам для цього може знадобитися, і які у них повинні бути ролі та на якому етапі росту компанії:

Якщо компанія тільки сформована:

1. **Засновники або співзасновники.** На самому початку засновники або співзасновники часто беруть на себе роль менеджерів з продажів, маркетологів та кадровиків, щоб зекономити ресурси компанії. Вони також часто розпочинають як продавці, укладаючи перші угоди і формуючи початкову клієнтську базу.

2. **Менеджер по продажам або менеджер з бізнес-**розвитку (Business Development Manager). Цей фахівець шукає нові можливості для бізнесу, залучає клієнтів, розвиває відносини з партнерами.

3. **Маркетолог.** Маркетологи працюють над створенням та втіленням маркетингових стратегій, включаючи контент-маркетинг, соціальні мережі, SEO та контекстну рекламу.

4. **HR-менеджер** відповідає за відбір та найм персоналу, а також за внутрішній корпоративний клімат.

Якщо компанія почала зростати:

1. **Команда з продажу** (Sales Team). Як тільки компанія починає рости, створюється окрема команда продаж. Вона може включати менеджерів з продажів, SDR (Sales Development Representatives) та Account Managers.

2. **Відділ продажу** (Sales Department). З подальшим ростом компанії формується окремий відділ продажів з чітким розподілом обов'язків між співробітниками, які спеціалізуються на різних етапах продажу.

Також зі зростанням можуть з'явитися і інші ролі в компанії:

1. Sales Operations Manager. Спеціаліст, відповідальний за налаштування та оптимізацію процесів в відділі продажів, аналітику та управління продажами.
2. Sales Enablement Specialist. Займається навчанням та підтримкою команди продажів, створенням матеріалів і інструментів для поліпшення процесу продажу.
3. Customer Success Manager. Працює з існуючими клієнтами, допомагаючи їм успішно використовувати продукт та утримувати їх.

Важливо розуміти, що в молодих стартапах ресурси, як правило, обмежені, тому члени команди часто виконують кілька функцій, включаючи продажі, маркетинг та обслуговування клієнтів. Як засновники, так і перші співробітники повинні бути готові до швидкої адаптації та навчання, щоб компенсувати відсутність спеціалізованих ролей. Головне тут - щоб засновникам компанії розуміти той момент, коли слід вводити додаткові ролі та наймати додаткових спеціалістів, щоб розгрузити себе і почати займатися стратегічно важливими напрямками, а не продовжувати вирішувати питання у сфері кадрів або обирати сорт кави для замовлення в офіс.

Особливості напрямку Outstaff на даний момент

Тут я хочу зробити уточнення по тенденціям в напрямку аутстафу, а саме те, що необхідно слідкувати за ситуацією на ринку та вчасно адаптуватися. Що я маю на увазі, у класичному варіанті можна і треба оформляти резюме всіх працівників, яких ви хочете почати або продовжити продавати на Outstaff в єдиному стилі, в єдиному дизайні. Добре те, що існує багато таких шаблонів, і я не буду приводити приклади оформлення резюме в цій книзі. Я хотів би більше звернутися до адаптації. Для цього можна розглянути ринок України, а також не тільки його. У 2022 році багато компаній закрилося, багато змінило локації своїх офісів і так далі. Через це на ринку з'явилося величезне число ІТ-спеціалістів, і якщо раніше рекрутерам доводилося полювати на кандидатів, то в 2022-2023 роках, скоріш за все така тенденція продовжаться і на 2024 рік, вони просто (в більшості випадків) після розміщення вакансії оброблюють резюме, які їм відправляють кандидати.

Цим можна скористатися для Outstaff. Якщо вас зацікавила яка-небудь компанія, яка зараз шукає собі кандидата або кількох кандидатів, то вам не треба засмучуватися, якщо у вас немає подібного кандидата, а потрібно дати задачу своєму рекрутеру на пошук такого кандидата, якщо він у вас технічний і доброго рівня, і він може знайти кандидата швидше, ніж та компанія, яка висунула вакансію. Після того, як ваш рекрутер знайшов потрібного кандидата, укладайте з ним преофер та починайте домовлятися про його продаж тій компанії, яка вам цікава. Преоффер зазвичай створюється компаніями щоб притримати кандидата і дати собі можливість знайти для нього відповідний проект.

Таким чином, ви встановите відносини з іншою компанією, можливо, вони самі почнуть звертатися до вас в першу чергу, а також розширите штат своїх фахівців і заробите додатково на кандидатах, яких лише привернули до компанії. Для реалізації такого плану вам доведеться уважно слідкувати за вакансіями від цікавих вас компаній, вивчати ситуацію на ринку та мати доброго технічного рекрутера.

Для успішної реалізації цього плану важливо пам'ятати, що ринок постійно змінюється, і виправдання в сфері аутстафу вимагає постійного моніторингу та гнучкості. Зберігайте тісний контакт з вашим рекрутером, розширюйте мережу зв'язків у галузі, і завжди будьте в курсі актуальних тенденцій та потреб компаній. Тільки так ви зможете ефективно реагувати на зміни на ринку та підтримувати конкурентоспроможність вашого бізнесу в галузі аутстафу.

Частина IX

Важливість та роль технічного рекрутера під час створення команди. Onboarding

Розділ IX

Важливість та роль технічного рекрутера при створенні команди. Onboarding

Щоб розібратися, яку роль повинен відігравати технічний рекрутер у формуванні команди, необхідно з'ясувати, хто взагалі такий технічний рекрутер, в чому його відмінність від звичайного рекрутера та чому саме він вам потрібен.

Технічний рекрутер часто є ключовою фігурою в процесі формування команди, особливо в галузі IT. У сфері, де попит на кваліфікованих спеціалістів перевершує пропозицію, роль технічного рекрутера стає особливо важливою та багатогранною.

Технічний рекрутер відрізняється від рекрутерів інших напрямків своєю спеціалізацією на IT-професії. Саме він розуміє тонкощі та специфіку технічних професій і може ефективно відбирати кандидатів на такі вакансії. Технічним рекрутерам потрібно володіти знанням технологій, мати основи знань мов програмування, методологій розробки та інших аспектів IT-галузі, щоб точно розуміти вимоги до кандидатів. Також саме технічні рекрутери часто використовують спеціалізовані тести та завдання для оцінки навичок кандидатів, такі як технічні інтерв'ю чи тестові завдання з програмування.

Такий фахівець повинен легко проводити самостійно "скринінгові інтерв'ю", і його результати можуть оптимізувати процес співбесід.

Примітка

Скрінінгова співбесіда - це тип співбесіди, який використовується для того, щоб переконатися, що кваліфікація кандидата найкращим чином відповідає вакансії і що людина відповідає основним вимогам. Зазвичай цей тип співбесіди проводиться перед традиційною співбесідою з командою, яка *робить найм, і може здійснюватися по телефону або за допомогою відео зв'язку.*

По суті, його мета полягає в тому, щоб звести до мінімуму кількість потенційних кандидатів на вакансію. Це гарантує, що наступний етап найму розглядатиме лише найбільш кваліфікованих кандидатів.

Якщо вам здалося, що це все, що повинен знати технічний рекрутер, то ні, і це далеко не все. Технічний рекрутер повинен розуміти, які навички та знання необхідні для конкретної ІТ-позиції, а не "сліпо брати вимоги від команди". Це дозволяє йому точно оцінювати відповідність кандидата вакансії, скорочуючи час на пошук відповідного співробітника.

Технічний рекрутер повинен мати розуміння ринку ІТ-спеціалістів. Такий рекрутер інформований про поточні тенденції та зміни на ринку праці в галузі ІТ, що дозволяє ефективно знаходити таланти та конкурувати з іншими компаніями за кращих кандидатів.

Крім усього переліченого, технічний рекрутер може і повинен швидко та точно оцінювати професійні якості та потенціал кандидата, враховуючи його знання та досвід в галузі ІТ.

Ще, звісно, буде великим плюсом, якщо у нього буде обширна мережа контактів, де можна шукати відповідних кандидатів.

Після такого опису, я думаю, вже не повинно залишитися сумнівів в тому, що саме такий фахівець потрібен в початковій ІТ-компанії. Не варто економити та брати звичайного рекрутера, думаючи, що не буде різниці, якого саме рекрутера взяти. Також власники часто звертають увагу на те, що технічний рекрутер коштує дорожче, може навіть у кілька разів, але краще не економити на таких фахівцях, оскільки правильний початковий відбір кандидатів в компанії може в кілька разів зменшити кількість співбесід. Також правильно підібраний кандидат майже завжди проходить іспитовий термін (тільки в рідкісному винятку такі кандидати не проходять іспитовий термін). Все це в кінці кінців трансформується в гроші та їх економію. Тому моя рекомендація: не економте на фахівцях такого роду, а також не намагайтеся взяти junior на цю роль, якщо це буде один рекрутер в компанії.

З усього вищеописаного, я думаю, у вас вже сформувалася думка, як проводити відбір кандидатів, що запитувати на співбесідах Technical Recruiter і який досвід роботи на подібній посаді в нього повинен бути.

Onboarding (Онбординг)

Після того, як ми визначили, хто буде шукати членів команди та які вимоги до нього повинні бути, ми повинні розглянути таку невід'ємну річ, як онбординг і його роль у формуванні команди.

Онбординг - це процес інтеграції нового співробітника в компанію, включаючи навчання, адаптацію та введення в корпоративну культуру. Цей процес допомагає новим працівникам швидко впоратися в новому середовищі, розібратися в своїх обов'язках, познайомитися з колегами та оцінити очікування компанії. Нижче розглянемо, яку важливу роль відіграє онбординг у формуванні команди:

1. **Зміцнення командного духу**. Допомагає новим працівникам швидко вписатися в колектив та стати його повноцінним членом.
2. **Визначення очікувань та цілей**. Дозволяє встановити правила, стандарти та очікування компанії відразу.
3. **Навчання та розвиток**. Забезпечує необхідне навчання та розвиток навичок з моменту призначення на посаду.
4. **Швидка адаптація**. Скорочує час, необхідний для того, щоб новий працівник став повноцінним і продуктивним членом команди.
5. **Підвищення задоволення та мотивації**. Допомагає новим працівникам відчувати себе важливими та цінними.

Розглянувши плюси, які може надати правильний онбординг, я перерахую, що може статися, якщо компанія не матиме цей процес. Зі свого особистого досвіду можу сказати, що зазвичай правильний процес онбордингу встановлений тільки у компаній 100+ співробітників, і то не завжди, а його відсутність може і часто впливає на багато аспектів роботи:

1. **Високий рівень текучості кадрів**. Проблема часто полягає в тому, що ніхто не пов'язує текучість кадрів з онбордингом, вважаючи, що причиною є неправильний вибір кандидата або те, що він просто не підходить, щось пропустили під час співбесіди. Однак нові співробітники можуть швидко залишити компанію, якщо вони відчують, що не вписуються в колектив або не розуміють свої обов'язки.

2. **Зниження продуктивності**. Співробітники витрачають більше часу на адаптацію та вивчення своїх обов'язків, що знижує їх ефективність.

3. **Зниження моралі**. Відсутність чіткого розуміння своєї ролі та обов'язків може призвести до демотивації і погіршення робочої атмосфери. Знову ж таки, таке може траплятися при зміні команд або проектів, а також при переході від однієї методології до іншої. Тобто співробітник розумів принципи роботи за waterfall, а його перевели в скрам-команду, де він не мав досвіду з такими процесами.

4. **Ризик невиконання завдань та проектів**. З новими співробітниками можуть виникати труднощі в виконанні своїх завдань через відсутність знань чи досвіду.

Отже, якісний процес онбордингу не лише забезпечує швидке адаптування нових співробітників, але і служить фундаментом для створення міцної, згуртованої та продуктивної команди. Тому не варто чекати, коли ваша компанія виросте до 100+ співробітників і ви, нарешті, зможете схвалити і впровадити правильний процес онбордингу. Починайте його будувати вже на початкових етапах розвитку своєї компанії.

Для того, щоб правильно його побудувати, я дам декілька рекомендацій. Пам'ятайте, що в основі онбордингу лежить ідея полегшення інтеграції нового співробітника в корпоративну культуру, а також максимального розкриття його потенціалу для досягнення корпоративних цілей.

Правильно організований процес онбордингу створює комфортні умови для нового співробітника з першого робочого дня. Це розпочинається з теплого прийому, включаючи надання всього необхідного для роботи та представлення колег. Усвідомлення того, що його прихід очікуваний і вітається, створює сприятливу атмосферу для новачка і стимулює його активну участь у роботі.

Навчання та розвиток є ключовими компонентами успішного онбордингу. Вони передбачають надання доступу до необхідних навчальних матеріалів, проведення тренінгів, а також регулярні зустрічі та консультації з ментором чи керівником для обговорення виникаючих питань і труднощів. Важливо створити умови, при яких новий співробітник може вільно задавати питання і отримувати зворотний зв'язок.

Інтеграція в колектив - ще один важливий аспект. Участь у корпоративних заходах, спілкування з колегами, взаємодопомога в розв'язанні робочих питань - все це сприяє формуванню відчуття приналежності та командної солідарності. Процес онбордингу також включає постійну підтримку та зворотний зв'язок. Регулярний діалог між керівництвом та співробітником допомагає виявляти та вирішувати виникаючі проблеми вчасно, а також адаптувати процеси та умови роботи відповідно до індивідуальних потреб та вподобань.

З використанням всього, що було описано вище, ви зможете ефективно підбирати команду фахівців, які залишаться у вас на довгий час, а також будуть ефективно розвиватися як в технічному, так і в соціальному плані, відчувати себе частиною команди, а не окремим гравцем, який лише кілька тижнів завітав до вас в гості.

Висновки

Перед тим, як зробити висновок про написане у книзі, я хотів би нагадати вам, що створення та розвиток власного бізнесу може бути подорожжю, повним відкриттів та можливостей, і я сподіваюся, що мої знання та досвід допоможуть вам зробити цю подорож захоплюючою та результативною. Успіх у бізнесі – це не лише питання прибутку, як вважають багато, а також можливість зробити свій внесок у суспільство та реалізувати свої творчі ідеї.

У цій книзі я намагався детально та всебічно освітити процес створення та розвитку IT-компанії. Наскільки мені це вдалося, вирішувати вам. Звісно, якщо докладно описувати кожну главу книги, може вийти окрема книга. Моя мета була надати читачам уявлення про всю мозаїку бізнесу у сфері IT, починаючи від формування початкової ідеї і закінчуючи тонкощами управлінської діяльності та стратегічного планування, не глибоко заглиблюючись у кожну з них, а давши можливість отримати уявлення та поради з кожного з аспектів.

Я намагався створити ресурс, який буде корисний кожному, хто хоче створити свій стартап у сфері IT. Я поділився своїми знаннями про різноманітні сценарії та бізнес-моделі, описав принципи побудови компанії, а також надав практичні поради з створення веб-сайту, просування в соціальних мережах та формування позитивного іміджу компанії.

Крім того, я обговорив важливі теми, такі як виявлення обману, формування команди, робота з проектами та створення напрямку Outstaff. Особливу увагу приділено ролі технічного рекрутера та процесу адаптації нових співробітників.

Я переконаний, що ця книга може стати цінним наставником для майбутніх підприємців, надаючи їм необхідні інструменти для успішного старту та розвитку бізнесу у сфері IT. Моєю мотивацією було бажання допомогти вам уникнути поширених помилок і поділитися з вами знаннями та досвідом, щоб ваш шлях до успіху був легшим і приємним. Тому я щиро вірю, що ця книга подарує вам впевненість і знання, необхідні для того, щоб зробити ваш IT-бізнес успішним і стійким. Вона зможе надати вам можливість побачити потенційні труднощі та подолати їх, перш ніж вони стануть перешкодами на вашому шляху до успіху.

Нижче я хотів би додати кілька моїх статей, які можуть бути корисними при створенні нових, та вдосконаленні нових процесів в компанії:

Методи визначення пріоритетів беклога для Agile-команд.

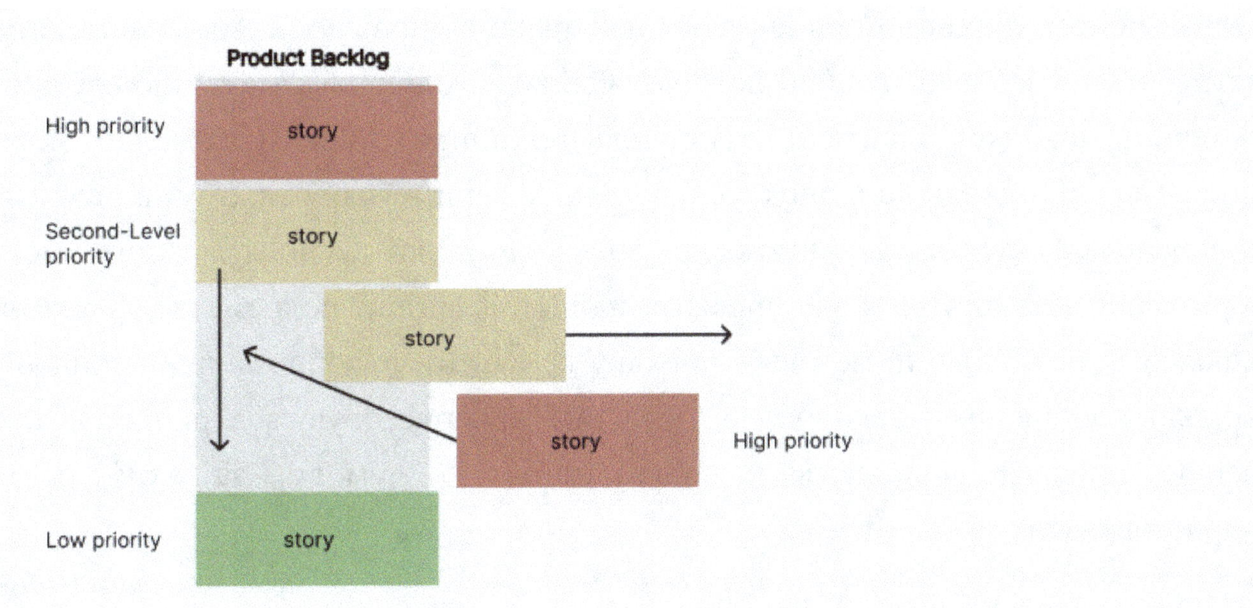

У цій статті я хочу обговорити різні методи оцінки беклогу та їх застосованість у різних сценаріях для команд. Давайте почнемо з того, чому немає універсального рішення для оцінки беклогу. Відсутність універсального підходу до оцінки беклогу в Agile зумовлена кількома факторами:

1. Гнучкість та адаптивність Agile: На відміну від традиційних підходів, Agile дозволяє командам швидко адаптуватися до змінних вимог і пріоритетів, що може впливати на метод оцінки завдань.

2. Різноманітність проектів та команд: Кожен проект в рамках Agile є унікальним, і кожна команда має свої сильні сторони, досвід і спеціалізацію. Таким чином, методи оцінки повинні бути адаптовані до конкретних потреб та контексту роботи команди.

3. Досвід та ітеративний характер: Agile ґрунтується на досвіді команди і зворотньому зв'язку з кожної ітерації. Оцінки завдань також є частиною цього ітеративного процесу.

4. Оцінки як інструмент, а не мета: Важливо розуміти, що оцінки беклогу є інструментами для планування та прийняття рішень, а не самоціллю.

Враховуючи ці фактори, які не є вичерпним списком, кожна команда Agile зазвичай обирає підхід до оцінки, який найкраще відповідає їхньому контексту та властивостям, і задовольняє їхні потреби. Однак важливо пам'ятати, що гнучкість і можливість швидкої адаптації - ключові принципи Agile, і команди можуть змінювати свої підходи до оцінок, основані на досвіді та зворотньому зв'язку. Після обговорення факторів, які підтверджують відсутність універсального методу пріоритезації беклогу, я хочу навести найпопулярніші, зокрема ті, з якими я працював. Я розташую ці методи в порядку їх частоти використання, починаючи з найбільш поширених і закінчуючи тими, які використовуються рідше. Я також спробую описати корисність кожного методу та умови, за яких їх слід використовувати.

Оцінка User Story:

Цей метод є одним із найбільш поширених в Agile. Він базується на принципі розбиття завдань на менші і більш зрозумілі частини (user stories), що робить їх оцінку простішою та більш візуальною. User stories часто використовуються для представлення вимог з точки зору користувачів, що дозволяє команді краще розуміти цілі та взаємозв'язки завдань, а також оцінювати їх складність з точки зору цінності для користувача. Застосовність: Цей метод підходить для команд, які активно використовують user stories для представлення вимог та розуміння потреб користувачів. Корисність: Оцінка User Story допомагає команді розуміти цінність кожного завдання з точки зору користувача та фокусуватися на досягненні конкретних цілей продукту.

Planning Poker:

Цей метод широко використовується для оцінки беклогу в Agile-командах.

Planning Poker - це інтерактивний та захоплюючий процес, що сприяє колективному прийняттю рішень та стимулює обговорення з різних точок зору. Він дозволяє враховувати думку кожного члена команди та досягати консенсусу при оцінці завдань.

Застосовність: Planning Poker підходить для команд, які прагнуть залучити всіх учасників до процесу оцінки та забезпечити рівноправний внесок кожного учасника.

Корисність: Цей метод сприяє колективному прийняттю рішень, підтримує обмін знаннями і може призвести до більш точних та обґрунтованих оцінок.

Оцінка за допомогою балів і швидкості виконання (Velocity):

Бали і швидкість - популярні практики в розробці Agile, що дозволяють команді оцінювати обсяг роботи та прогнозувати час виконання завдань. Relative Story Points полегшують порівняння різних завдань, а Velocity допомагає команді розуміти свою продуктивність та планувати майбутні спринти.

Застосовність: Метод Story Points і Velocity часто використовується досвідченими Agile-командами з стабільною історією завершення завдань.

Корисність: Relative Story Points спрощують порівняння завдань та прогнозування часу на основі попередніх досягнень команди (Velocity).

Bucket System:

Система відра надає простий та інтуїтивний спосіб пріоритетизації завдань. Команда може швидко класифікувати завдання за їх складністю або важливістю, що спрощує планування та управління беклогом.

Застосовність: Цей метод підходить для команд, які потребують швидко та легко оцінити пріоритети завдань та класифікувати їх за складністю.

Корисність: Система відра допомагає спростити процес планування та дозволяє команді фокусуватися на виконанні завдань найвищого пріоритету.

T-Shirt Sizing:

Метод T-Shirt Sizing пропонує простий та зрозумілий спосіб оцінки завдань на основі аналогії з розмірами одягу. Він дозволяє швидко присвоювати відносні бали завданням без потреби в складних числових шкалах.

Застосовність: Цей метод підходить для команд, які потребують швидкої та високорівневої оцінки завдань на основі їх відносної складності.

Корисність: T-Shirt Sizing дозволяє швидко присвоювати відносні бали завданням без необхідності у докладних обчисленнях.

Оцінка Монте-Карло:

Оцінка Монте-Карло більш складна у використанні і вимагає достатньої кількості історичних даних для аналізу. Вона може бути менш поширеною, оскільки команди можуть віддавати перевагу простішим та більш прямолінійним методам оцінки.

Застосовність: Цей метод може бути корисним для команд з значною кількістю історичних даних від минулих проектів, які бажають отримати більш точні прогнози часу завершення завдань.

Корисність: Оцінка Монте-Карло базується на статистичному аналізі, дозволяючи враховувати різні фактори та невизначеності при оцінці завдань та досягненні більш реалістичних термінів.

Як і раніше, я хочу наголосити, що кожна команда може обирати метод оцінки беклогу відповідно до своїх потреб, досвіду та рівня зрілості в Agile. Деякі команди віддають перевагу поєднанню різних методів для отримання більш комплексного та точного уявлення про беклог та вдосконалення управління завданнями. Сподіваюся, що мій опис може допомогти вам визначити метод, який буде найефективнішим для оцінки вашого беклогу.

Як зробити Agile ретроспективи більш ефективними?
Методи фасилітації для використання, а також питання, які слід задавати під час ретроспектив.

У цій статті я б хотів обговорити тему проведення ретроспектив у методології Scrum. Я вважаю, що багато людей зіткнулися з ретроспективами неодноразово і продовжують це робити. Однак під час ретроспектив деякі команди не вдаються до вирішення важливих питань або, навпаки, піднімають питання, які я б не рекомендував вирішувати. Крім того, я розгляну методи фасилітації, які слід використовувати під час ретроспектив.

Давайте почнемо, згадавши, що ретроспектива в Scrum - це можливість для Scrum-команди провести самоінспекцію та створити план для поліпшення роботи команди в майбутніх спрінтах.

На цій основі розглянемо питання, які слід обговорювати під час ретроспектив:

1. Що працює добре?

Це питання дозволяє команді ідентифікувати та визнати успішні аспекти своєї роботи. Учасники можуть обговорювати, які практики чи рішення призвели до позитивних результатів.

2. Що можна покращити?

Тут команда шукає аспекти, які можна змінити чи оптимізувати. Це може стосуватися процесу роботи, комунікації, взаємодії чи інших аспектів, які можна поліпшити.

3. Які проблеми виникли?

Це питання дозволяє команді виявити перешкоди чи проблеми, з якими вони стикнулися в попередніх ітераціях. Обговорення проблем допомагає знаходити шляхи їх вирішення чи попередження у майбутньому.

4. Які уроки ми засвоїли?

Команда аналізує свій минулий досвід і вивчає уроки, які можуть бути корисні в майбутньому. Це може стосуватися успіхів, невдач, помилок чи будь-яких інших уроків, які можна застосовувати для поліпшення робочого процесу.

5. Які можливості ми бачимо?

Тут команда розглядає потенційні можливості для зростання та розвитку. Це може стосуватися нових практик, інструментів, навчання чи інших факторів, які можуть покращити робочий процес.

6. Які конкретні кроки ми можемо виконати для покращення?

Після обговорення проблем і можливостей команда шукає конкретні дії або заходи, які можна прийняти для поліпшення робочого процесу. Це може включати внесення змін до методології, зміни в комунікації, впровадження нових інструментів чи інші практичні кроки.

Важливо, що всі ці питання піднімаються та обговорюються під час ретроспектив. Звісно, деякі з них можуть бути забуті. Наприклад, команди можуть забути зосередитися на тому, що працює добре, і концентруватися лише на проблемах або вибирати ігнорувати певні питання.

Тепер розглянемо питання, які не повинні обговорюватися під час ретроспектив:

1. Особисті атаки чи звинувачення.

Ретроспективи не повинні бути платформою для особистих атак чи звинувачень. Це має бути безпечне середовище для відкритого обговорення проблем і пошуку рішень.

2. Питання, які виходять за межі компетенції команди.

Деякі питання можуть торкатися областей, які виходять за межі компетенції команди чи мають вплив на більш широкі аспекти організації. У таких випадках ретроспектива може бути не найкращим місцем для обговорення таких питань.

3. Обговорення нерозв'язних проблем.

Якщо є проблеми, які не можуть бути вирішені командою чи перебувають поза їхнім контролем, обговорення цих проблем на ретроспективі може бути неефективним. Замість цього такі питання краще передати на вищі рівні управління чи іншим відповідальним особам.

4. Деталі конфіденційної інформації.

Ретроспектива повинна бути конфіденційною, але не всі деталі проекту чи організації можуть бути відкриті для обговорення. Важливо дотримуватися конфіденційності і не розголошувати інформацію, яка може бути небажаною чи порушувати політику безпеки.

5. Питання, які відволекають від цілей ретроспективи.

Ретроспектива має бути спрямована на поліпшення робочого процесу та досягнення конкретних цілей. Питання, які відхиляються від цієї мети чи не пов'язані безпосередньо з попередньою ітерацією роботи, можуть відволікати команду та зменшувати ефективність ретроспективи.

Загалом ретроспектива повинна бути конструктивною та спрямованою на поліпшення роботи команди. Важливо створити довірливу атмосферу, де члени команди можуть відкрито обговорювати проблеми та пропонувати ідеї, спрямовані на досягнення позитивних результатів. Для сприяння ефективним ретроспективам можна використовувати різноманітні методи фасилітації. Фасилітація зустрічей ретроспектив - це процес, який включає багато методів і технік. Порядок їх популярності може змінюватися в залежності від конкретної команди та контексту. Однак нижче подано список методів та технік, які я розташував за популярністю, на мій погляд.

1. The Sailboat

Цей метод включає намалювання зображення вітрильника на дошці з вітрами чи хвилі, що тягнуть його вперед чи назад. Учасники записують, що "тягне" команду вперед (продуктивність) і що "тягне" її назад (проблеми, коливання настрою). Це дозволяє команді обговорити свої питання та переваги спільної роботи. Обговорення може зосередитися на тому, як використовувати позитивні фактори для поліпшення роботи та вирішення проблем.

2. Start, Stop, Continue, Amplify

Цей простий та ефективний метод допомагає команді обговорити, що потрібно почати, зупинити, продовжити та зміцнити для підвищення ефективності команди. Учасники записують свої ідеї, а потім групують їх за категоріями. Команда потім обговорює та вирішує, що вони можуть зробити, щоб почати, зупинити, продовжити та зміцнити обрані ідеї.

3. "4Ls"

Цей підхід передбачає категоризацію обговорюваних аспектів у чотири категорії: "Сподобалося", "Вивчено", "Бракує" та "Тяжілість." Кожен учасник записує свої коментарі в кожну категорію. Потім ідеї групуються відповідно до категорій для групової дискусії. Цей метод допомагає команді оцінити позитивні та негативні аспекти своєї роботи та ідентифікувати ключові уроки для майбутньої роботи.

4. "Three-column"

У цьому методі учасники записують відповіді на три питання: що працювало добре, що не працювало і які є пропозиції щодо вдосконалення. Потім питання групуються за категоріями. Команда обговорює кожну категорію, ділиться своїми думками і приймає рішення щодо наступних кроків.

5. Positive and Delta

Цей метод спрямований на збір інформації за минулі тижні. Члени команди записують, що їм сподобалося або що вони вважають корисним (позитивне), і над чим вони хотіли б працювати чи вдосконалити (дельта).

Потім підняті питання групуються відповідно до категорій для обговорення та прийняття рішень щодо наступних кроків. Вибір конкретного методу чи комбінації методів для проведення ретроспектив залежить від контексту команди та її цілей. Більшість цих методів можна адаптувати та налаштувати під конкретні потреби команди, тому важливо бути відкритим для експериментів і спробувати різні підходи для знаходження найефективніших для вашої команди. Також хочу додати, що немає остаточної відповіді на питання про найменш ефективні методи сприяння проведенню ретроспектив, оскільки вибір методів залежить від конкретної команди, її цілей та характеристик.

Однак деякі методи можуть бути менш ефективними в певних ситуаціях:

1. Методи, які не сприяють відкритій дискусії та активній участі учасників, можуть бути неефективними. Наприклад, якщо фасилітатор використовує метод "кругової розмови", де кожен учасник говорить по черзі без можливості взаємодії, це може призвести до монотонної та неефективної дискусії.

2. Методи, які вводять велику кількість формальностей або складних правил, можуть ускладнювати комунікацію і уповільнювати процес. Якщо учасникам потрібно пройти багато етапів або заповнити кілька форм, це може відволікати від основної мети ретроспективи та створювати бар'єри для відкритої дискусії.

3. Методи, які недостатньо структурують та систематизують інформацію, можуть вести до втрати фокусу та ускладнювати аналіз даних. Наприклад, якщо

учасникам просто попросити висловити свої думки без будь-якої організації чи групування, це може призвести до хаотичного переліку ідей, який важко систематизувати та приймати рішення на його основі.

4.   Методи, які не сприяють активній участі всіх членів команди, можуть призводити до нерівномірної участі та неповноцінного врахування думок. Наприклад, якщо фасилітатор витрачає багато часу на одного чи декількох учасників, не дозволяючи іншим говорити, це може створити дисбаланс та призвести до неповного врахування проблем і ідей.

Важливо пам'ятати, що ефективність методу може залежати від контексту та конкретних характеристик команди. Деякі методи, які можуть бути неефективними в одній ситуації, можуть бути корисними в іншій. Тому важливо адаптувати методи фасилітації під конкретні потреби та характеристики команди. Сподіваюсь, що ці рекомендації будуть корисними та сприятимуть проведенню більш ефективних ретроспектив в командах.

ПРО АВТОРА

Вітаю, мене звати Сергій Кузьменко. Протягом понад 20 років роботи в галузі IT-індустрії я набув глибокі знання та розуміння ключових аспектів створення та управління IT-компаніями. Моя професійна діяльність включає кілька успішно створених стартапів та управління безліччю проектів. Вдохновившись своїм досвідом і бажаючи поділитися накопиченими знаннями, я створив цей посібник для всіх, хто мріє або планує створити свою IT-компанію або прагне покращити свій поточний бізнес. У цій книзі я детально розглядаю всі етапи створення IT-компанії, від формування команди та вибору бізнес-моделі до розробки продукту та його просування на ринку. Тут ви знайдете перевірені поради з управління репутацією, ефективного спілкування та інших ключових аспектів успішного IT-бізнесу. Я щиро сподіваюся, що моя книга стане для вас джерелом корисної інформації та натхнення на шляху до успіху.